W9-BZB-033

GUÍAS PRÁCTICAS DE JARDÍN

El calendario del

JARDINERO

ADAM PASCO

BLUME

BLUME

Título original:
Gardeners' Calendar

Traducción:
Jorge González Batlle
Cristina Rodríguez Castillo

Revisión científica y técnica de la edición en lengua española:
Xavier Bellido Ojeda
Experto en jardinería
Asesor en plantaciones y reformas

Coordinación de la edición en lengua española:
Cristina Rodríguez Fischer

Primera edición en lengua española 2001

© 2001 Naturart, S. A. Editado por BLUME
Av. Mare de Déu de Lorda, 20
08034 Barcelona
Tel. 93 205 40 00 Fax 93 205 14 41
E-mail: info@blume.net
© 1999 HarperCollins Publishers, Londres
© 1999 del texto, Adam Pasco

I.S.B.N.: 84-8076-392-2
Depósito legal: B.41.574-2001
Impreso en Edigraf, S. A., Montmeló (Barcelona)

Todos los derechos reservados. Queda prohibida
la reproducción total o parcial de esta obra,
sea por medios mecánicos o electrónicos,
sin la debida autorización por escrito del editor.

CONSULTE EL CATÁLOGO DE PUBLICACIONES *ON LINE*
INTERNET: HTTP://WWW.BLUME.NET

Contenido

❖

INTRODUCCIÓN

EL SECRETO DEL ÉXITO en cualquier jardín consiste en hacer lo adecuado en el
momento oportuno, y es por ello que en las siguientes páginas me dedico a sugerir unos
cuantos trucos prácticos y recomendaciones para cada una de las estaciones. Tanto
si desea crear un jardín nuevo como aprovechar uno ya existente, este manual le
permitirá llevar a cabo una cuidadosa planificación, semana a semana, de las diferentes
labores de jardinería, desde la siembra y la plantación a la poda, la propagación
y el cultivo de las plantas, con el fin de sacar el máximo partido al jardín.

    Para facilitar la consulta, las labores estacionales se han dividido de forma que
cubran las diferentes secciones del jardín, desde el arriate de flores y el jardín culinario
al césped, el estanque y el invernadero. Además, las principales actividades de cada
estación se tratan con mayor detalle y van acompañadas de todo un listado de tareas
imprescindibles para tener el jardín bien cuidado y las plantas lozanas. Este manual
resulta especialmente útil para los principiantes ya que con él podrán llevar a cabo un
seguimiento adecuado de las principales labores de mantenimiento del jardín, al tiempo
que constituirá una buena fuente de consulta para los jardineros más experimentados.

    Resulta de gran utilidad confeccionar una especie de diario personal de jardinería
donde se anoten los diferentes proyectos que se vayan a acometer, el rendimiento de los

4

◁ UNA
COMBINACIÓN
ADECUADA *de*
hortalizas y plantas
de flor permite
disfrutar de un huerto
ornamental tan
atractivo como
productivo.

◁ **PARA TENER**
*un jardín perfecto,
es preciso llevar a cabo
una cuidadosa elección
y distribución de las
plantas, así como unas
labores periódicas
de mantenimiento
y seguimiento.*

*cultivos, así como las nuevas adquisiciones tanto de equipo como de plantas,
para de ese modo tener un documento completo con todos los aspectos
relacionados con el jardín al que poderse remitir en años sucesivos.
La mejor manera de aprender sobre jardinería es algo tan sencillo
como ponerse a ello, así que pase página y decida
cómo va a gestionar el jardín cada uno de los días
del año. No se deje acobardar por los fracasos que
pueda cosechar: a buen seguro, sus manos irán
tomando confianza con el tiempo, así que ¡disfrute
con la jardinería!*

ADAM PASCO

Principios de la primavera

La naturaleza parece cobrar vida a medida que el invierno cede paso a la primavera, y no es poco el trabajo que hay por hacer. Organice bien estas tareas, sobre todo en lo que respecta a la siembra y la propagación, y fíjese unos objetivos.

△ **PARA REJUVENECER** *una budleya demasiado crecida, corte todos los tallos a principios de la primavera de forma que quede una estructura de ramas escalonada. Pode por la base todos aquellos tallos que crecieron el año anterior para que así broten enseguida otros nuevos.*

△ **LAS MATAS DE** *campanillas blancas que estén demasiado aglomeradas se pueden aclarar y dividir tan pronto como se haya acabado la floración.*

EL JARDÍN

Árboles Durante los meses más secos, riegue bien las plantas arbustivas y los árboles recién plantados una vez cada dos semanas, y mantenga esta frecuencia durante toda la primavera y el verano, hasta que se hayan aclimatado del todo.

Clemátides Muchas clemátides de floración tardía, como «Jackmanii», *C. texensis* y *C. viticella*, requieren una poda drástica a finales del invierno o bien a principios de primavera.

Plantas vivaces El mejor momento para plantar nuevos arriates herbáceos con vivaces es tan pronto como el suelo haya acumulado algo de calor. Para obtener el mejor efecto, plántelas en grupos. Resulta de gran utilidad trazar sobre papel la distribución de los arriates. Para ello, consulte en una enciclopedia la altura y el porte de cada una de las plantas de forma que los ejemplares más altos queden en la parte posterior y los más bajos, en la de delante.

Poda de arbustos Con no pocos arbustos resulta conveniente realizar una poda desde el extremo superior hasta cerca de la base durante la estación anterior a la de crecimiento, de forma que los tallos queden a unos 2,5 cm del punto desde donde se desarrollaron el año anterior. De entre los

6

PLANTAS QUE APORTAN COLOR EN VERANO

AZUCENAS Plante los bulbos de las azucenas en el exterior, allí donde desee que florezcan, o bien en macetas para trasplantarlas más adelante. La mayoría de las variedades bajas son ideales para tenerlas en macetas en un patio, sobre todo las más aromáticas.

GLADIOLOS Plante los bulbos de forma escalonada a lo largo de los meses siguientes para de ese modo alargar la temporada de floración. Si el suelo es ligero y la temperatura es suave, se pueden plantar ya, pero si el tiempo es todavía frío y húmedo, espere unas semanas.

DALIAS Las raíces tuberosas se pueden plantar directamente en el exterior hacia finales de marzo. Cave un hoyo bastante grande, introduzca en él la raíz y cúbrala a continuación con una capa de 10 cm de tierra o compost. Cubra con paja o un lienzo los tallos que broten para protegerlos de las heladas.

PODA Y TAMAÑO

Los coloridos tallos de los sauces y los cornejos, tan llamativos durante el invierno, deben podarse ahora para estimular la aparición de otros nuevos. La poda de renovación es ideal para mantener la robustez de los arbustos cuyo crecimiento venga condicionado por lo limitado del espacio. En esta modalidad de poda se cortan todos los tallos hasta la base por medio de unas podaderas de mango corto o largo y, aunque en un principio pueda parecer una poda drástica, al poco observará cómo brotan de las bases leñosas multitud de tallos nuevos que, en verano, rebosarán de follaje y, en el siguiente invierno, aportarán un punto de color gracias a lo llamativo de la corteza.

Además de gran parte de las variedades arbustivas de cornejo y bardaguera, hay otros muchos arbustos que logran mantener una forma compacta y toleran una poda drástica, como es el caso del avellano púrpura, la zarza blanca, el fustete y el saúco de hojas doradas. Asimismo, es conveniente podar a conciencia los tallos de *Buddleja davidii* que florecen en verano hasta dejar tan sólo una estructura de tallos leñosos.

Los arbustos de flor, como *Lavatera*, también se benefician de esta modalidad de poda drástica. Corte todos los tallos viejos de vivaces como la salvia rusa (*Perovskia*), recorte el abrótano hembra y retire todos los tallos leñosos secos de la fucsia.

PODA DE ROSALES

La mayoría de los rosales arbustivos, sobre todo las variedades híbridas de té y Floribunda, requieren una poda anual a principios de la primavera. La finalidad de ésta es evitar que los arbustos se vuelvan demasiado leñosos y queden desnudos en la base estimulando la aparición de brotes nuevos y robustos cada año que florezcan durante el verano.

En primer lugar, retire todos los tallos secos o enfermos con ayuda de unas podaderas de mango largo. A continuación, observe el tamaño y la forma del arbusto, y pode los tallos que se entrecrucen o estén en mala posición. Elimine también los tallos viejos que no sean productivos para dejar espacio a los nuevos. Por último, acorte todos los tallos que queden para modelar el arbusto. En la mayoría de los casos, basta con acortarlos entre un tercio y la mitad, teniendo en cuenta que los tallos más débiles deben podarse más que los robustos para de ese modo estimular un crecimiento más vigoroso de los vástagos nuevos.

Pode siempre por encima de una yema y aproveche la forma natural de los tallos para modelar el arbusto. Los tallos nuevos crecerán en la misma dirección hacia donde mira la yema.

---

arbustos que se pueden podar ahora destacan *Hydrangea paniculata*, *Buddleja davidii* y *Caryopteris* x *clandonensis*. Los ejemplares de grandes dimensiones y sin forma definida de *Brachyglottis* «Sunshine» se pueden someter a una poda drástica, o bien cortar los tallos viejos hasta donde nacen los vástagos laterales nuevos. *Leycesteria formosa* también responde bien a una poda drástica.

Preparación del suelo Rastrille y prepare aquellos enclaves donde vaya a sembrar a principios de primavera o a mediados de dicha estación las anuales resistentes.

Cuidados Proteja de las heladas y los vientos gélidos los vástagos tiernos, así como el follaje nuevo de los arbustos y los árboles más delicados. Tenga siempre a mano cortinas o lienzos viejos para extenderlos encima de las plantas que presenten un mayor riesgo en estas fechas, como el arce japonés, *Romneya*, *Caryopteris*, *Ceratostigma*, la paulonia, algunos ceanotos, así como algunas plantas trepadoras delicadas, como *Cytisus battandieri*.

EL HUERTO
Hortalizas

Siembra Empiece a sembrar las hortalizas en el exterior tan pronto como las condiciones del suelo sean las adecuadas. Entre dichas hortalizas destacan las chirivías, las habas, las cebollas, la remolacha, las zanahorias, el colinabo, los puerros, los guisantes, el rábano, los guisantes tiernos, las espinacas y los nabos.

Cebollas Plante los bulbos en hileras dejando entre ellos la separación adecuada, de 10 a 15 cm entre ejemplares y 20 cm entre hileras, de forma que haya espacio suficiente para azadonar y desherbar.

Esparraguera Las garras nuevas pronto estarán listas para plantar. Elija una variedad macho robusta que no desarrolle estolones y plántela en un suelo profundo y bien removido. Esparza las raíces sobre un caballón de forma que la garra quede a 5 cm de profundidad.

Cebolletas Termine de plantar todas las cebolletas en un suelo que drene bien y en un emplazamiento soleado.

Patatas Plante las variedades tempranas. Antes, no obstante, debe tenerlas un tiempo en el alféizar para que en el momento de plantarlas tengan ya algunos brotes.

Hortalizas de ensalada Para disponer de una provisión ininterrumpida de hortalizas semana tras semana, siémbrelas en pocas cantidades y con frecuencia. El secreto está en sembrar cada semana o quince días una hilera corta de lechugas, rábanos, cebollas tiernas y otras hortalizas de ensalada de forma que se puedan recolectar sin parar durante todo el verano. Siembre algunas hortalizas de ensalada menos habituales, como la verdolaga y la roqueta.

◁ **PLANTE LAS PATATAS** *tempranas en un emplazamiento abierto y soleado, a unos 12 cm de profundidad y con una separación de 30 cm entre ejemplares de una misma hilera.*

▷ **INSTALE UNAS** *campanas para calentar el suelo antes de sembrar las hortalizas o plantas de flor más tempranas, así como para resguardar los planteles del frío y del viento.*

Crucíferas Siembre las semillas de varias crucíferas en un semillero y, cuando las plantitas estén lo bastante crecidas como para tomarlas con la mano, trasplántelas al emplazamiento definitivo dejando la oportuna separación entre ejemplares contiguos. Entre las variedades que se siembran en estas fechas se encuentran las coles de Bruselas, el brécol calabrés, así como las coles de verano y otoño. Siembre la coliflor de verano bajo una campana de cristal y trasplante las plantitas de las siembras más tempranas.

Col marina Plante las coronas nuevas en primavera y cultívelas un par de años antes de que sean lo bastante grandes como para poderlas cubrir en verano y blanquear de ese modo los tallos. Abónelas de forma periódica.

Consuelda Plante un trozo de consuelda en un rincón soleado e iluminado del huerto. Las hojas constituyen un excelente compost y se pueden esparcir por el suelo alrededor de las hortalizas a modo de acolchado, o bien utilizar para fabricar abono líquido. La variedad «Bocking 14» es la más productiva.

Hierbas aromáticas Divida las matas grandes de cebollino en porciones más pequeñas y replante estas últimas. En macetas colocadas en un invernadero frío o una cajonera, siembre perejil, salvia, cebollino, eneldo, melisa, acedera y todas las hierbas que desee cultivar. Si dispone de un germinador con calefacción, siembre otras algo más delicadas, como la albahaca, el cilantro, el hinojo y la borraja, en macetas, y trasplántelas en verano.

Frutales

Plantación Complete la plantación de frutales de baya y árboles frutales nuevos tan pronto como sea posible, sobre todo en el caso de los ejemplares a raíz desnuda, cuyo cepellón debe empaparse bien antes de plantarlo.

Fresal Recubra las hileras con campanas en forma de túnel para estimular la floración y la fructificación. Recuerde que hay que abrir los laterales de las campanas cada día durante la floración de forma que puedan entrar las abejas y demás insectos polinizadores.

Grosellero espinoso Ponga punto y final a la poda de invierno acortando los vástagos laterales más largos y aclarando los tallos más enmarañados para abrir el centro de los arbustos. De ese modo, el aire circulará mejor por entre las ramas, se reducirá el riesgo de que contraigan el mildiu y no resultará tan doloroso recoger las grosellas.

Acolchado Extienda un generoso acolchado entre las hileras de frambuesos así como alrededor de los demás frutales de baya y árboles frutales.

Abono No deje de aplicar sulfato de potasio y otros fertilizantes universales alrededor de los frutales, incluidos los fresales.

Melocotoneros y nectarinos Téngalos en macetas dentro de un invernadero frío hasta finales de la primavera para proteger las flores de las heladas. No se olvide de polinizarlos con una brocha.

Árboles frutales en el césped Recorte la hierba que pueda crecer en la base de los árboles, ya que les resta humedad y agentes nutritivos. Mantenga una zona totalmente despejada de entre 60 y 90 cm alrededor de la base del tronco y cubra dicha superficie con un acolchado de compost.

Vides Termine de podarlas antes de que salgan de la fase de reposo.

Plagas y enfermedades Rocíe con un pesticida o fungicida las hojas tiernas como medida de precaución. Seleccione dichos productos químicos con cuidado, siga siempre las instrucciones del fabricante y evite utilizarlos cuando las plantas estén en flor, ya que los insectos polinizadores podrían resultar dañados.

Heladas Proteja de las heladas las flores de los cerezos, los groselleros y demás frutales de floración temprana por medio de un lienzo.

EL CÉSPED

Musgo En aquellas zonas del césped donde se propague el musgo, aplique un herbicida especial para combatirlo y rastrille a continuación los restos de musgo muerto. Para evitar que reaparezca de nuevo, mejore la capacidad de drenaje del césped realizando diversos agujeros con una horca.

Segazón En estas fechas todavía es demasiado pronto para segar de forma periódica en la mayoría de los lugares. No obstante, si el tiempo es benigno y seco, cabe pasar la segadora con las cuchillas bien altas para mejorar así el aspecto del césped.

Bordes del césped Vuelva a recortar los bordes desgastados o dañados del césped, aunque si están en muy mal estado, lo mejor es reemplazarlos colocando tepes nuevos. Otra posibilidad es retroceder hasta una zona en buen estado y crear un nuevo borde con ayuda de un tablón de madera y unas tijeras. Existen en el mercado varios modelos de recubrimientos especialmente diseñados para proteger los bordes. Si las plantas adyacentes amenazan con invadir el césped, coloque una hilera de ladrillos

o baldosas alrededor del borde de manera que no puedan avanzar más pero sí cubrirla, y pode toda aquella planta que resulte invasora.

Rastrillado y escarificación Escarifique el césped a mano, con un rastrillo para céspedes, o bien con un escarificador con motor, para eliminar todos los restos que se hayan ido acumulando en la superficie del suelo, además del propio musgo. Vuelva a sembrar los claros que queden desnudos ya bien entrada la primavera.

EL ESTANQUE

Bombas Si el tiempo lo permite, desenfunde las bombas e instálelas en el estanque de modo que vuelvan a funcionar las fuentes, las cascadas de agua y los demás elementos decorativos con agua.

Calefactores Una vez que ya no haga tanto frío y no haya riesgo alguno de que la superficie de agua se hiele, retire los calefactores eléctricos flotantes del estanque.

Plantas Aclare toda aquella planta marginal que se haya hecho demasiado grande y divídala en secciones más pequeñas, que puede replantar en grupos reducidos. Retire las plantas invasoras y aclare cualquier mata que haya crecido en exceso.

Malas hierbas Mantenga las malas hierbas a raya y limpie de forma periódica la superficie del agua con ayuda de una red para que no prosperen plantas flotantes.

Plantas nuevas Compre plantas acuáticas nuevas, como nenúfares, lirios, juncos y carrizos, y plántelas en macetas especiales para estanques situadas sobre ladrillos, de forma que queden a la profundidad adecuada.

△ **DEJE UN CÍRCULO** *libre de hierba alrededor de los árboles plantados en medio de un césped para que no compitan entre sí por el agua y los agentes nutritivos del suelo. Acolche en primavera con el fin de mantener la humedad.*

VENTAJAS DEL ACOLCHADO

❖

Si se coloca una gruesa capa de compost o cualquier otro material similar en el suelo, se evita la aparición de malas hierbas al tiempo que se conserva la humedad del mismo. Algunos acolchados se deshacen con más rapidez que otros, y gracias a la acción de las lombrices acaban convirtiéndose en abono. Otros, en cambio, se convierten en una atractiva y decorativa superficie.

QUÉ UTILIZAR Se puede utilizar una gran variedad de materiales a modo de acolchado, sobre todo compost elaborado con restos orgánicos de la cocina y hojas

secas, así como estiércol bien descompuesto y compost de champiñones. Asimismo, los centros de jardinería venden sacos con fragmentos de corteza y cáscara de coco; también puede adquirirlos en un mayorista.

CÓMO ACOLCHAR Sea generoso y esparza una capa de acolchado de al menos entre 7,5 y 10 cm de grosor para impedir que crezcan malas hierbas. En el caso de bordes poco asequibles, recubra el emplazamiento con una tela que haga de barrera, fíjela bien al suelo y cúbrala a continuación con un acolchado de fragmentos de corteza o cáscara de coco.

Acolchado de cáscara de coco

Acolchado de fragmentos de corteza

Estera porosa para el suelo

Estera no porosa para el suelo

9

▷ **LOS MELOCOTONEROS EN FLOR** *que estén bajo cristal se deben polinizar a mano de forma periódica, con ayuda de una brocha de pelo suave y llevando el polen de una flor a otra.*

PROPAGACIÓN DE ARBUSTOS MEDIANTE ACODO

❖

Son muchos los arbustos que se pueden propagar mediante una técnica tan sencilla como es acodar una rama baja en el suelo.

En el momento en que la rama toque el suelo, cave un hoyo y agregue un poco de compost mezclado con grava. Practique un corte de unos 2,5 cm en el tercio más próximo al extremo del tallo que se acoda, afiáncelo con ayuda de una cerilla y espolvoree sobre él unas cuantas hormonas de enraizamiento. A continuación, entierre el tallo en el hoyo, cúbralo con un poco más de compost con grava, riegue en abundancia y coloque encima una piedra grande o una baldosa para que no se mueva. Mantenga el extremo del tallo acodado erguido por medio de una caña.

Mantenga el suelo siempre húmedo si el tiempo es seco. En principio, el tallo acodado puede llegar a tardar un año o incluso algo más en enraizar del todo, momento en el que se ha de separar de la madre y cultivarlo como una planta independiente.

Entre los arbustos que se pueden propagar mediante acodo en primavera destacan el madroño, la azalea perennifolia, *Berberis*, la camelia, *Chimonanthus*, la magnolia, *Gaultheria* y los rosales trepadores. Asimismo, los rododendros se pueden acodar sin problemas hasta principios del otoño, mientras que las clemátides sólo lo permiten durante el verano.

EL INVERNADERO

Melocotoneros Con los melocotoneros, nectarinos y albaricoqueros a punto ya de florecer, coloque una pantalla de malla o tela junto a los ejemplares guiados sobre un muro para protegerlos durante las noches más frías. En el caso de que las abejas y demás insectos polinizadores no frecuenten los alrededores, frote suavemente las flores con una brocha de pelo suave y pase el polen de una flor a otra. Riegue si el suelo está seco y, como árboles frutales que son, asegúrese de que nunca les falte agua durante todo el período de floración.

Fucsias Despunte los extremos de los brotes tiernos una vez que hayan desarrollado dos o tres pares de hojas. Con ello, lo que se pretende es estimular la ramificación de la planta y embellecer su porte. Además, dará un mayor número de flores. Guíe los tallos dispersos de variedades robustas de porte erguido para formar arbolitos.

Crisantemos Continúe tomando esquejes de los tallos tiernos que se hayan desarrollado en los ejemplares ya plantados, o bien compre una nueva partida en cualquier centro de jardinería. Dichos esquejes deberían tener unos 5 cm de largo y se han de enraizar en macetas con sustrato en un germinador con calefacción y a una temperatura constante de unos 13 ºC.

Macizos florales En estas fechas, se pueden sembrar en un germinador con calefacción numerosas variedades estivales semirresistentes para macizos. Lea las instrucciones que aparecen en el dorso de los sobres de semillas.

SIEMBRA DE HORTALIZAS EN EL INVERNADERO

Son varias las hortalizas delicadas que se pueden sembrar hacia estas fechas (tomateras, berenjenas, pimientos, pepinos), aunque si se desea que germinen es preciso hacerlo en macetas o bandejas y colocar éstas en un germinador con calefacción. De hecho, son muchas las hortalizas que deben permanecer en el interior de un invernadero durante toda su vida, si bien existen unas cuantas variedades que se pueden plantar en el exterior a principios del verano (bajo campana al menos al principio) para que den fruto más avanzado el año. En concreto, el apio, el apio nabo y las cucurbitáceas, como el pepino y el calabacín, se pueden cultivar bajo cristal y pasar más tarde al exterior.

1 Rellene la bandeja con sustrato y, acto seguido, nivélela y apisone la superficie. Siembre las semillas de una en una y cubra las más grandes dejando caer el sustrato con un cedazo.

2 Humedezca el sustrato o bien riegue con una regadera que disponga de una alcachofa con agujeros muy finos. Cubra la bandeja con una tapa y colóquela en un sitio cálido. Tan pronto como aparezcan las primeras plantitas, abra los orificios de ventilación de la tapa y traslade la bandeja a un lugar bien iluminado.

Planteles Coloque los planteles de las siembras más tempranas espaciados en grandes bandejas de siembra, o bien en macetas pequeñas (una por plantita).

Exceso de humedad Algunas plantitas pueden llegar a morir por un exceso de humedad. Para evitarlo, utilice siempre macetas limpias y un sustrato nuevo, siembre a poca profundidad y riegue con un fungicida que contenga cobre. No encharque nunca la tierra y levante la tapa de los germinadores para ventilar el interior en cuanto aparezcan los primeros brotes. Téngalas, además, en un sitio bien iluminado.

Primaveras Siembre una bandeja de *Primula obconica* para plantarlas luego en macetas.

Temperatura En los días de más calor, abra las puertas y las aberturas de aireación para que no suba demasiado la temperatura en el interior. No se olvide de cerrarlas por la noche.

Abutilón Pode los ejemplares más grandes que hayan permanecido bajo cristal durante el invierno para estimular un crecimiento vigoroso desde la base.

Cactáceas y suculentas Durante la primavera, devuelva a las macetas los ejemplares más grandes. El sustrato debe ser limoso y contener grava. Las macetas de barro dan muy buenos resultados y, además, son mucho más estables.

Esquejes Si tiene alguna planta vivaz delicada que haya sobrevivido al invierno, como fucsias o margaritas, verá cómo no tardan nada en volver a crecer. Utilice estos tallos tiernos a modo de esquejes y proceda a enraizarlos uno a uno en macetas colocadas dentro de un germinador con calefacción.

Trepadoras delicadas Siembre semillas de plantas trepadoras delicadas, tales como *Eccremocarpus* o *Holmskioldia sanguinea*.

TAREAS PARA PRINCIPIOS DE LA PRIMAVERA

❏ Aclare, divida y replante las matas más grandes y tupidas de las vivaces asentadas cada tres o cuatro años.

❏ Cubra el suelo del huerto con un plástico de polietileno o varias campanas, de forma que las siembras más tempranas disfruten de un entorno seco y cálido.

❏ Retire las cabezuelas secas de los bulbos que florecen en primavera, como los tulipanes y los narcisos. Aplique fertilizante alrededor de cada mata.

❏ Cubra el ruibarbo con una maceta grande o un cubo, de forma que no reciba luz y se fuerce una cosecha temprana.

❏ Retire las flores secas de los macizos florales de invierno y primavera.

❏ Tenga a mano una buena provisión de macetas y sacos de sustrato para realizar los primeros trasplantes y siembras. Guarde los sacos de sustrato en el invernadero para que esté ya cálido en el momento de la siembra.

❏ Abra los orificios de aireación de las cajoneras frías cada mañana para ventilar el interior, y vuélvalos a cerrar por la noche.

❏ Para controlar el crecimiento de algunas hierbas aromáticas vigorosas como la menta, corte las matas más grandes o cultívelas en macetas.

❏ Cuando decaigan los bulbos cultivados en maceta en el interior de la casa, plántelos en el exterior y abónelos con abono líquido.

❏ En lugar de regar con el agua fría que procede de las cañerías, deje siempre una regadera llena en el invernadero para disponer de agua templada.

11

Mediados de la primavera

En primavera, los jardines rebosan de vida, energía, flores, brotes tiernos y la promesa de que lo mejor queda todavía por llegar. Los bulbos y las flores centran todo el protagonismo, pero el ya incipiente césped reclama a partir de ahora una atención constante. Las semillas sembradas bajo cristal exigen no menos cuidados y las cada vez más rebosantes bandejas con planteles nos recuerdan lo fecunda que es esta estación.

△ **ABONE LOS ROSALES** *ahora que aparecen los brotes nuevos. Para ello, esparza fertilizante para rosales alrededor de cada arbusto y riegue directamente sobre la tierra en caso de que no llueva.*

EL JARDÍN

Gladiolos Desde ahora hasta finales de la primavera, plante los bulbos en tandas sucesivas para de ese modo alargar la temporada de floración. Colóquelos a unos 10 cm de profundidad y a otros tantos de separación entre ejemplares. Para lograr un mayor efecto, plántelos en grupos de una misma variedad.

Phormium Arranque las hojas secas que queden hacia fuera. Póngase guantes y gafas para no lastimarse, y divida las matas más apretadas.

Dalias Plante los «tubérculos» que hayan brotado a cierta profundidad si el tiempo no es demasiado frío; en caso de que lo sea,

espere unas cuantas semanas a plantarlos. De cualquier forma, no trasplante ejemplares jóvenes cultivados a partir de esquejes hasta que no haya pasado el peligro de heladas.

Guisantes de olor Trasplante los ejemplares jóvenes de guisantes de olor sembrados en el otoño anterior. Despunte los extremos de los tallos si todavía no han empezado a ramificarse de forma espontánea. Siembre las semillas al pie de cañas o de cualquier otro tipo de tutor vertical por donde trepen más tarde las flores.

Plumeros Divida las matas grandes y masificadas, o bien opte por plantar otras nuevas en los márgenes como motivo decorativo.

▽ **LOS BULBOS PRIMAVERALES** *deben abonarse y regarse durante toda la primavera de forma que crezcan sanos y fuertes. Deje que las hojas se sequen de forma espontánea.*

△ **A NO SER QUE** *se desarrolle en exceso, se puede dejar que* Clematis montana *crezca a su aire. Si no es éste el caso, pode los tallos más largos hasta la base justo después de la floración.*

En estas fechas se puede sembrar un gran número de plantas anuales resistentes directamente en el exterior, allí donde se desee que florezcan durante el verano. Elija las variedades que, por su color, combinen bien entre sí y siémbrelas por separado, de forma que los ejemplares más altos queden en la parte de atrás del arriate y los más bajos junto al borde delantero. Siembre siempre en hileras para, de ese modo, distinguir las plántulas de las malas hierbas. Rastrille el emplazamiento, señale las zonas que corresponden a cada una de las variedades y, a continuación, cave los hoyos para las semillas dejando una separación de entre 15 y 20 cm. Deposite las semillas de una en una, cúbralas con tierra y riegue. Aclare las plantitas una vez hayan germinado.

Agapantos Plante los bulbos en grupos en macetas grandes, o bien directamente en el exterior, en arriates cálidos y resguardados.

Bulbos Aplique fertilizante o abono líquido alrededor de las agrupaciones de bulbos que florecen en invierno y primavera, como las campanillas blancas, los acónitos, los azafranes y los narcisos.

Crisantemos Deje que enraícen los esquejes en las macetas y, cuando estén bien enraizados, trasplántelos tan sólo después de haberlos fortalecido en una cajonera fría.

División En estas fechas se pueden dividir un gran número de plantas vivaces de porte extendido o que forman matas, como la salvia rusa (*Perovskia*) y el mismo crisantemo. Deseche las secciones del centro, ya viejas, y replante en grupos las que quedan hacia fuera, más jóvenes.

Bulbos de interior Una vez que los bulbos plantados en macetas hayan florecido del todo, plántelos en el exterior y riéguelos bien con un abono líquido.

Macetas y macetones Retire la protección que envuelve los bidones situados en el patio y devuelva a sus lugares habituales las macetas con los arbustos y las demás plantas permanentes de su emplazamiento invernal a cubierto. Calce las macetas con calzos o ladrillos para que haya un buen drenaje.

EL HUERTO
Hortalizas

Guisantes Siembre tanto las variedades normales como las tiernas en el exterior. Para disfrutar de una cosecha ininterrumpida, siembre a intervalos de un mes hasta el verano, en franjas de 15 cm de ancho y a 5 cm de profundidad. Guíe las variedades más altas con cañas o ramitas.

Patatas Plante las variedades de patata normales. Acolle los tallos de las variedades tempranas más nuevas cada semana, y cúbralas con un lienzo para resguardarlas de las heladas.

Cebollas Plántelas en hileras tan pronto como el suelo esté en condiciones. Deje de 10 a 15 cm de separación entre plantas y 20 cm entre hileras, de modo que se pueda desherbar el terreno.

Apio Prepare las zanjas para plantar los ejemplares jóvenes cultivados bajo cristal.

Hierbas aromáticas Son varias las hierbas que se pueden sembrar este mes, como el perejil, el hinojo, el eneldo, el cilantro, el orégano y el tomillo.

Habas Realice una siembra ahora para cosechar las habas en otoño.

Lechugas Empiece a sembrar una hilera corta de lechugas cada dos semanas para disfrutar de una cosecha ininterrumpida durante todo el verano.

13

Muchas plantas vivaces de flor de porte erguido o crecimiento descontrolado requieren algún tipo de tutorado que las mantenga erguidas y evite que caigan sobre las plantas vecinas con una simple racha de viento. Es ahora cuando hay que decidir qué tipo de tutor tendrán durante todo el verano. La opción más económica y práctica son las sencillas cañas de jardín (recubiertas con un tapón de goma para evitar heridas en los ojos), así como las ramitas de avellano y otros árboles. En el caso de las matas, cabe la posibilidad de colocar un marco de metal de manera que los tallos de las vivaces trepen por él. Si se trata de tutorar una planta situada en el borde, los marcos plastificados de color verde pasan más desapercibidos que los metálicos.

LABORES DE PODA A MEDIADOS DE LA PRIMAVERA

❖

BREZOS Con unas tijeras de recortar, retire las cabezuelas secas de los brezos que hayan florecido en invierno cortando hasta la parte verde del tallo para de ese modo modelarlos y limpiarlos. No corte tanto como para alcanzar a los tallos leñosos, ya que no desarrollarían vástagos nuevos.

FORSITIAS Tan pronto como se marchiten, pode los tallos con flores. Recorte los setos de forsitias con una podadera mecánica especial para setos, o bien recorte los tallos de uno en uno con unas simples podaderas para darles forma y aclararlos.

CONÍFERAS Y PLANTAS ESCULTURALES En estas fechas en que el tiempo tiende a mejorar y las plantas empiezan a despertar, dé la primera pasada del año con tijeras a los setos, coníferas y otras plantas con formas decorativas.

GROSELLEROS EN FLOR Para controlar su tamaño y crecimiento, es conveniente podar las variedades ornamentales de grosellero tras la floración para eliminar los tallos viejos que ya hayan florecido y estimular así el desarrollo de nuevos rebrotes que den flores durante la siguiente primavera. Realice una poda drástica en un tercio aproximadamente del total de los tallos para estimular la aparición de vástagos basales, y recorte por encima las partes que hayan florecido del resto.

PODA DE ARBUSTOS Muchos arbustos florecen en los tallos que se han desarrollado durante el año en curso y no en los viejos. Si pasado el invierno muestran un aspecto desgarbado, pódelos drásticamente para estimular la aparición de brotes basales nuevos. Entre las plantas arbustivas que se podan en primavera destacan las fucsias, *Romneya*, *Ceratostigma*, *Caryopteris* e *Hydrangea paniculata*. Otras, en cambio, se deben podar más suavemente hasta dejar una estructura de tallos a partir de los cuales se desarrollarán los rebrotes. En el caso de algunas plantas, como *Buddleja davidii* y *Leycesteria formosa*, cabe la posibilidad de dejar varios tallos con longitudes diferentes de forma que la planta se convierta en verano en un imponente conjunto floral escalonado.

△ **LA FLORACIÓN** *del manzano alcanza en estas fechas su momento de máximo esplendor. Para obtener una buena cosecha, la mayoría de las variedades deben ser polinizadas por alguna otra variedad en floración de las proximidades, así que cultive juntas variedades compatibles entre sí.*

Semillas germinadas Son muchas las semillas que se pueden colocar dentro de frascos dispuestos en el alféizar de la ventana para, una vez germinadas, tomarlas en la ensalada, como la alfalfa, la alholva, la judía Mung, la colza e, incluso, el guisante enano y la lenteja verde. Coloque unas cuantas semillas en el interior de un frasco de mermelada, aclárelo con agua, cúbralo a continuación con muselina y déjelo boca abajo de forma que el agua se escurra. Si repite el proceso de aclarado y escurrido cada día, en cuestión de unos pocos días las semillas habrán germinado y estarán listas para su consumo. Adecue el número de frascos y semillas al consumo medio de su familia.

Zanahorias Siembre las variedades pequeñas para ensalada bajo campanas o bien al aire libre, y espere un poco para las variedades normales. Si siembra pocas semillas y a intervalos a lo largo de la hilera, se evitará el trabajo del entresacado, que puede atraer a la mosca de la zanahoria. Otra manera de prevenir la aparición de esta última es cubrir las hileras con un lienzo sujeto en los bordes nada más finalizar la siembra. Existen ciertas variedades resistentes a esta plaga, como «Sytan» y «Flyaway».

Siembra de hortalizas en el exterior Siembre remolacha, zanahorias, rábanos, colinabo, lechugas, cebolletas, guisantes, espinacas, nabos (tanto el normal como el gallego) y crucíferas tales como las coles de Bruselas, el brécol, la col rizada y la col. Cubra las hileras con campanas.

Siembra en macetas Siembre en macetas colocadas en el interior calabacines, calabazas, tomates, maíz dulce y fríjoles. En regiones cálidas, algunas se pueden sembrar también en el exterior bajo campanas.

Fresales Cubra las hileras de fresales con campanas en forma de túnel. Abra los laterales cada día para que los insectos polinizadores puedan llegar a las primeras flores tan pronto como éstas se abran.

Frambuesos En estas fechas empiezan a salir los tallos nuevos. Retire todos los que crezcan entre las hileras o en los senderos, y aclare el resto de modo que quede una distancia de 15 cm entre ejemplar y ejemplar.

Melocotoneros Aclare las ramas que tengan demasiados frutos en los ejemplares formados en abanico bajo cristal.

Poda de ciruelos No pode los ciruelos ni los cerezos en invierno, ya que podrían contraer alguna enfermedad. En cambio, ahora que la savia circula y surgen los primeros brotes, pode todas las ramas secas o rotas, aclare las zonas más enmarañadas y sujete los tallos nuevos.

Acolchado Extienda una capa de acolchado de compost alrededor de los frutales de baya y los árboles frutales para conservar el grado de humedad de la tierra e impedir la aparición de malas hierbas.

TRASPLANTAR CRUCÍFERAS

Trasplante las plantitas jóvenes de las coles y demás crucíferas que se hayan sembrado en semillero a finales del invierno. En lo posible, hágalo un día nublado y después de haber regado bien la víspera. Tire de las plantitas con sumo cuidado ayudándose de una horquilla pequeña y trasplántelas al emplazamiento definitivo (la tierra debe estar bien removida), dejando la separación que les corresponda. Apisone siempre el suelo alrededor de las raíces de las crucíferas. Riegue abundantemente y coloque en la base de cada uno de los tallos una alfombra vieja a modo de collar para que la hembra de la mosca de la col no pueda depositar los huevos.

ELECCIÓN DE LAS PLANTAS

Para acertar a la hora de comprar plantas en cualquier vivero o centro de jardinería, siga las siguientes instrucciones:

1. En lo posible, compre a finales de semana, cuando los establecimientos hacen acopio de plantas frescas para el fin de semana. Por otro lado, entre semana es más probable que le atiendan mejor que durante el fin de semana, siempre más ajetreado.

2. Asegúrese de que las plantas estén lozanas, sanas, robustas y tengan una buena forma.

3. Desestime aquellas plantas que tengan una capa gruesa de musgo o malas hierbas en la superficie del sustrato.

4. Compruebe que por el agujero de la base de la maceta no salga ninguna raíz gruesa, síntoma inequívoco de que se trata de un ejemplar ya maduro trasplantado a una maceta.

5. El sustrato debe estar húmedo. No compre nunca ninguna planta que esté seca.

6. Compruebe que las plantas no tienen ningún indicio de enfermedades o plagas.

7. Asegúrese de que las plantas van acompañadas de una etiqueta con el nombre de la variedad e instrucciones para su cultivo.

8. Decántese siempre por las plantas que tengan algún tipo de garantía de reembolso o cambio por otro ejemplar.

Abonado Esparza fertilizante alrededor de los árboles y las plantas arbustivas, y cave el suelo.

Enfermedades Los manzanos, los grosélleros espinosos y el resto de las variedades de grosellero, así como otros frutales, son proclives a contraer el mildiu. Una de las mejores maneras de evitarlo consiste en plantar variedades resistentes a dicha enfermedad, aunque no debe dejar de rociar con un fungicida sistémico las variedades más vulnerables.

Heladas Tenga siempre a mano un lienzo o una malla para cubrir los frutales en flor durante las noches de frío intenso para así protegerlos de las heladas.

Pulgones Para reducir al máximo el riesgo de que las hormigas traigan consigo pulgones a los árboles frutales, coloque un collar con pegamento alrededor del tronco y el tutor.

EL CÉSPED

Siega Empiece con una siega por semana y recoja los restos a medida que avance. Durante las primeras siegas coloque las cuchillas a cierta altura, y bájelas a medida que el césped gane altura con el paso de las semanas.

△ **LOS PERFORADORES** *permiten agujerear el suelo cada vez que se pisa con fuerza sobre ellos. Pase una escoba para esparcir la tierra removida y, a continuación, rellene los agujeros con arena. El objetivo de dichos agujeros es mejorar la aireación y el drenaje del suelo.*

Abonado Aplique un abono rico en nitrógeno especial para césped para que crezca con fuerza. En caso de que no llueva, riegue con dosis granuladas.

Sembrado de claros Siembre de nuevo las zonas del césped más desgastadas

o demasiado claras si desea que se hagan más frondosas. Pase un rastrillo por dichas zonas, esparza las semillas, cúbralas con una fina capa de sustrato para macetas y riegue bien. Los claros más pequeños se pueden cubrir con una hoja de polietileno transparente sujeta con unos clavos para que los pájaros no se coman las semillas. Retírela tan pronto como hayan germinado.

◁ LOS GROSELLEROS despliegan en primavera todo su esplendor. No obstante, en cuanto se hayan marchitado las últimas flores, realice una poda drástica de los tallos más viejos.

Malas hierbas Retire las malas hierbas más problemáticas, como las belloritas, el diente de león y el ranúnculo.

Escarificación Utilice un rastrillo con púas o bien un escarificador con motor para rastrillar el musgo y restos de hierbas secas que se hayan ido acumulando en la parte inferior del césped, junto a la superficie del suelo.

Musgo Trate las zonas con musgo con un herbicida especial para este tipo de planta y, a continuación, pase un rastrillo para eliminar los restos muertos. Haga todo lo posible para mejorar la capacidad de drenaje del suelo. Para ello, rompa las zonas de tierra más compactas con un agujereador de clavos largos y rellene los agujeros resultantes con arena o gravilla para facilitar el drenaje.

EL ESTANQUE

Limpieza Retire las hojas y los tallos secos de las plantas del propio estanque o de sus márgenes, pasando si es preciso una red pequeña. Tenga cuidado de no dañar los estanques con una lona por base.

Abonado Coloque un fertilizante en gránulos en el sustrato preparado para los nenúfares y el resto de las plantas acuáticas que se cultiven en macetas.

Bombas y fuentes Saque las bombas que haya tenido guardadas en el garaje durante el invierno e instálelas de nuevo en el estanque. Cambie los filtros viejos y coloque otros nuevos en las fuentes y las cascadas.

Sistemas de filtrado Instale en el estanque un sistema de filtrado, como los de rayos ultravioletas, para eliminar las algas y purificar el agua. Son fáciles de instalar y constituyen una solución práctica para mantener limpia el agua del estanque.

Nenúfares Divida en estas fechas los ejemplares más grandes. Saque la maceta entera, retire el nenúfar, córtelo en secciones con ayuda de un cuchillo (asegúrese de que cada una de las porciones cuenta con tallos y raíces) y replántelas en macetas con sustrato para plantas acuáticas nuevo y una capa de gravilla en la parte superior. Por último, colóquelas en el lugar que vayan a ocupar dentro del estanque.

EL INVERNADERO

Sombreado En los días de calor más intenso, se pueden alcanzar temperaturas elevadas bajo el cristal, así que instale unas persianas o bien encale los cristales por la parte de afuera.

Ventilación Abra los orificios de aireación cada mañana y ciérrelos de nuevo por la noche. Si el calor es muy intenso, abra las puertas para que haya más ventilación.

Protección del frío Si se prevén heladas, cubra las plantas situadas encima de tableros y demás soportes con un lienzo o bien con hojas de diario para protegerlas del frío. Retírelas por la mañana.

Planteles Continúe trasplantando los planteles tan pronto como sean lo bastante grandes como para tomarlos con la mano.

Esquejes Tome esquejes de los tallos tiernos de las dalias, las fucsias y otras plantas de interior, y no se olvide de los esquejes de hoja de *Saintpaulia* y *Begonia rex*.

Cambio de maceta Elija siempre una maceta del tamaño inmediatamente superior al anterior, de manera que quede siempre un margen de 1 cm alrededor del cepellón para sustrato nuevo, que debe ser del

---

CÉSPED NUEVO

❖

- La primavera, con sus lluvias periódicas y alto índice de humedad atmosférica, es una buena época para crear un césped nuevo, ya sea a través de semillas o mediante la colocación de tepes. Prepare siempre el suelo a conciencia y asegúrese de que no haya malas hierbas.

- Una vez haya removido bien el suelo, apisónelo caminando sobre él con los talones, nivélelo con un rastrillo y aplique fertilizante. Siembre las semillas de acuerdo con lo que indiquen las

instrucciones del vivero, pero nunca de más, ya que un césped demasiado espeso es más débil y proclive a contraer enfermedades.

- No vuelva a sembrar más semillas hasta que el césped se encuentre asentado, si bien ello no evita que se pueda pasar de vez en cuando la segadora con las cuchillas bien altas. Asegúrese de que nunca le falte agua al césped durante esta fase inicial de asentamiento. Trate de forma localizada las zonas donde surjan malas hierbas.

△ **LOS JARDINES DE PLANTAS ALPESTRES** *ubicados en cubetas se pueden plantar en cualquier época del año, pero es en primavera cuando lucen sus mejores galas. Seleccione un nutrido surtido de plantas, como siemprevivas y uvas de gato, y plántelas en un sustrato de grava y que drene bien.*

mismo tipo que el utilizado hasta entonces (con base de limo, por ejemplo).

Primaveras Siembre semillas de varias primaveras para cultivarlas en macetas, como *Primula obconica*, *P. kewensis* y *P. sinensis*.

Plantación en sacos de turba Plante pepinos, pimientos y tomateras tempranas en sacos de turba, en el interior de un invernadero con calefacción.

Nerine Continúe regando y abonando los ejemplares cultivados en macetas durante unas pocas semanas más antes de reducir la frecuencia de los riegos para que se sequen las hojas. Déjelos en el más completo reposo durante el verano en un emplazamiento cálido sobre la mesa de un invernadero.

Plantas por correo Tan pronto como reciba las plantas, sáquelas de la caja, riéguelas, déjelas escurrir y colóquelas en un lugar bien iluminado. En caso de que estén lastimadas, póngase en contacto con el vivero. Páselas a una maceta tan pronto como sea posible.

SIEMBRA DE ABONO EN VERDE

❖

Allí donde vaya a quedar un espacio vacante en cualquier margen durante unas cuantas semanas o meses, siembre plantas para utilizarlas como abono en verde. Éstas producen una gran cantidad de hojas y tallos tiernos que, una vez cortados, se entierran para aumentar la fertilidad del suelo. Algunas de estas plantas fijan el nitrógeno del aire en los nódulos de sus raíces, que posteriormente liberan durante la descomposición y absorben las plantas que les siguen. Lo ideal es cultivar plantas jóvenes en los suelos fertilizados con abono en verde, ya que, mientras éste se descompone, se inhibe la proliferación de malas hierbas. Si va a sembrar plantas por primera vez, espere al menos un mes hasta realizar la siembra. Entre las plantas más idóneas para utilizarse como abono en verde destacan la arveja, el trébol, la alholva y el lupino, no así en cambio ciertas plantas de crecimiento rápido como la mostaza, *Polygonum* y *Phacelia*.

TAREAS PARA MEDIADOS DE LA PRIMAVERA

❑ Traslade las plantas jóvenes del invernadero y los alféizares de las ventanas a cajoneras frías para que se aclimaten al frío exterior antes de trasplantarlas.

❑ Azadone de forma periódica los márgenes para eliminar los brotes de malas hierbas y arranque del todo las vivaces.

❑ Aplique una dosis generosa de fertilizante alrededor de cada arbusto con flores entrecavando en la superficie del suelo en la medida de lo posible.

❑ Aplique un herbicida residual en los senderos de gravilla y los paseos.

❑ Extienda una capa de acolchado de cortezas o compost alrededor de los arbustos y frutales de baya para impedir que crezcan malas hierbas y conservar la humedad del suelo.

❑ Plante en las artesas plantas alpestres para disfrutar con su visión durante la primavera.

❑ Mantenga limpios los bancales con hortalizas y elimine cualquier resto de hojas secas que pueda atraer la curiosidad de caracoles y babosas. Desentierre y destruya todos los ejemplares de crucíferas que sospeche que contengan gusanos de la mosca de la col.

❑ Proporcione abono rico en hierro a las ericáceas.

❑ Manténgase atento ante cualquier síntoma de plaga, como el pulgón. Corte las zonas afectadas o aplique el pesticida oportuno.

❑ Cada jardín debería disponer de contenedores suficientes como para poder reciclar en ellos todo el material de desecho generado en él, como los restos de la poda o el césped recién segado. Si no es el caso, cómprese unos contenedores para poder fabricar más compost este mismo año.

17

Finales de la primavera

Desde la plantación de esquejes de plantas estivales hasta la siembra de hortalizas en el exterior, lo cierto es que la primavera deja pocos momentos de respiro: siega, recorte, desherbado, plantación... son actividades que pasan a formar parte de la rutina semanal. Por otro lado, con el buen tiempo las plantas intensifican su crecimiento, con lo que se hacen indispensables el riego y el abonado periódicos.

EL JARDÍN

Tutores Utilice cañas para guiar los tallos en crecimiento de las plantas herbáceas vivaces, en especial los de variedades poco robustas, como la peonía, o de porte erguido, como la espuela de caballero. Tutore los tallos y las espigas florales por separado, o bien rodee una misma mata con varias cañas sujetas entre sí con cordel de jardinería. No se olvide de cubrir los extremos de las cañas como medida de protección.

Abonado Proporcione a todas las plantas arbustivas de jardín amantes de suelos ácidos, como los rododendros, las azaleas, *Pieris* y las camelias, un fertilizante rico en hierro, especial para este tipo de plantas, de modo que las hojas no amarilleen. Los bulbos de floración primaveral gustan también de algo de abono líquido. Aplique cierta cantidad de fertilizante alrededor de las coníferas, las plantas vivaces y los arbustos ya asentados, así como en la base de los setos.

▽ **UTILICE CAJONERAS FRÍAS** *para endurecer las plantas estivales antes de trasplantarlas al exterior, a finales de la primavera.*

Siembra Siembre en un semillero semillas de alhelíes, nomeolvides y flores bienales, como *Lunaria* y las campanillas, que se podrán trasplantar a su emplazamiento definitivo más adelante. A finales de la estación, siembre capuchinas en el exterior.

Escardado de arriates Pase el escardillo de forma periódica por el suelo de los arriates para soltar la tierra y eliminar las malas hierbas. Asimismo, aplique un fertilizante universal alrededor de las plantas ya asentadas y pase el escardillo por la zona.

Plantas vivaces Extienda una capa de compost bien descompuesto alrededor de las plantas vivaces. Esté atento ante la presencia de babosas y caracoles, y elimine a mano cuantos vea o bien aplique un molusquicida.

Anuales resistentes Continúe sembrándolas directamente en los arriates, allí donde desee que florezcan. Aclare las plantitas de las primeras siembras hasta dejar la separación adecuada.

Heladas Muchas plantas estivales resultan muy vulnerables a las heladas, así que no las plante en el exterior hasta que haya pasado el riesgo de frío intenso. Asegúrese de que las plantas se hayan endurecido lo bastante a través de una progresiva aclimatación al exterior. Durante el día, abra del todo las cajoneras frías y saque las plantas del invernadero.

Euforbias Pode los tallos viejos que ya hayan florecido, de manera que los más tiernos tengan espacio suficiente para desarrollarse. Use guantes, ya que la

savia de esta planta provoca irritación en la piel.

Eléboros Es conveniente dejar las flores ya marchitas de algunos eléboros, como *H. niger* y *H. orientalis*, de forma que se autosiembren ellos mismos. Con otros, en cambio, como *H. argutifolius*, las plantitas actúan como malas hierbas, así que retire las cabezuelas antes de que esparzan las semillas.

CAMBIAR DE SITIO LOS BULBOS PRIMAVERALES

En primavera es fácil masificar los arriates de flor dado que muchos bulbos de floración primaveral continúan creciendo sin parar y ocupan el sitio en el que han de ir las variedades de verano. El problema es que los bulbos no pueden prescindir de las hojas, ya que necesitan hacer acopio de reservas para la primavera siguiente. Deje, pues, intacto el follaje durante al menos las seis semanas posteriores a la floración, e incluso más

si es posible, y córtelas a ras del suelo sólo entonces. Deje los bulbos en tierra y plante encima el resto de las plantas. En el caso de los bulbos más próximos a la superficie, arránquelos con la mayor cantidad posible de raíces y tierra, y vuélvalos a plantar en un rincón tranquilo del jardín. Aplique un abono líquido y deje que se sequen de forma natural. Por último, arránquelos y guárdelos para el verano.

◁ CONTINÚE TRASPLANTANDO *a macetas más grandes las plantas de arriate que cultive en el invernadero. No las trasplante al exterior hasta que haya pasado el riesgo de heladas.*

haya pasado el riesgo de heladas. Prepare el terreno añadiendo gran cantidad de compost e instale unas cuantas estacas gruesas a modo de tutores para las variedades más esbeltas.

Trepadoras

Plantación Termine de plantar los guisantes de olor y guíe los brotes nuevos. A finales de la estación, trasplante las plantas trepadoras anuales cultivadas bajo cristal a un emplazamiento próximo a una valla, enrejado o cualquier otro tipo de soporte sobre el que puedan sujetarse y trepar.

Formación Guíe los brotes nuevos y los tallos con flores de las clemátides dirigiendo dichos tallos hacia donde se desee que haya flores. Sujete también los vástagos tiernos de la madreselva y los rosales trepadores, sobre todo los de aquellos que se hayan guiado sobre arcos o pérgolas, para que así cuelguen con gracia.

Rosales

Plagas Examine los extremos de los tallos en busca de pulgón verde, que podría dañar los brotes y hojas más tiernos. En caso de que haya, retírelo con los dedos o aplique un insecticida con jabón.

Abonado Aplique una dosis generosa de fertilizante para rosales alrededor de la base de cada ejemplar. En lo posible,

PODA DE FINALES DE LA PRIMAVERA

- Después de la floración, corte todos los tallos del almendro de flor (*Prunus triloba*) hasta la base para estimular el desarrollo de renuevos.

- Pode la retama (*Genista*) después de la floración para darle forma y evitar que crezca desgarbadamente. Acorte los tallos, pero sin llegar al tronco leñoso.

- Tutore los renuevos del espino de fuego de formación mural y pode todos los tallos no deseados que crezcan hacia fuera o bien hacia dentro.

azadone por encima la superficie del suelo, con sumo cuidado de no lastimar las raíces, o simplemente riegue bien antes de extender un acolchado de compost.

Enfermedades Si posee variedades de rosal proclives a contraer el mildiu, manchas negras o roya, elimine de inmediato aquellas hojas que presenten síntomas de infección para evitar que ésta se propague. Otra opción es aplicar un fungicida para rosales de forma periódica.

Rosales en arbolito Compruebe que los tutores estén bien fijos y reemplácelos si están dañados o poco estables. Afloje las ataduras ya que podrían dañar al tronco, y cámbielas si están desgastadas.

División de plantas Arranque y divida las primaveras y los nomeolvides. Desentierre la planta entera y separe cada una de las secciones, que se deben trasplantar a un semillero hasta que se hagan grandes, momento en que se trasplantarán al lugar definitivo, ya más adelantado el año.

Dalias Endurezca los esquejes enraizados y téngalos listos para trasplantar cuando

19

SIEMBRA ESTACIONAL

❖

Para disfrutar de una cosecha de hortalizas lo más ininterrumpida posible, es fundamental realizar varias siembras a intervalos durante la primavera y a principios de verano. Son muchas las hortalizas que, como las de ensalada, producen una cosecha más que suficiente para toda la familia si se siembran a menudo y en pocas cantidades. En concreto, las lechugas, los rábanos, las espinacas, los nabos y otras hortalizas de hoja para ensalada se pueden sembrar cada quince días. Hágalo en hileras cortas (60 cm, por ejemplo), una por cada variedad, de modo que cultive las que vaya a consumir. En el caso de otras hortalizas, como los guisantes en sus diferentes variedades, se precisan dos o tres siembras cada dos meses.

△ REALICE SIEMBRAS *periódicas de lechugas y demás hortalizas de ensalada. Cuando hayan germinado las plantitas, aclárelas para dejar la separación adecuada entre ejemplares de una misma hilera de modo que dispongan de espacio suficiente para crecer.*

EL HUERTO
Hortalizas

Guisantes tiernos Continúe sembrando guisantes tiernos en surcos poco profundos de unos 15 cm de ancho y 5 cm de hondo, espaciando las semillas unos 7,5 cm en ambas direcciones. Cúbralas con tierra, apisone ésta y riegue. Instale tutores en forma de tienda de campaña en el caso de las variedades más altas.

Esparragueras Corte los turiones a medida que se desarrollen con un cuchillo largo que permita trabajar bien por debajo de la superficie.

Ruibarbos Continúe tirando de los ruibarbos con regularidad. Riegue las matas si el tiempo es muy seco para estimular su crecimiento.

Habas Despunte los extremos de los tallos para eliminar las partes más tiernas, que tanto gustan al pulgón negro.

Patatas Termine de plantar las variedades comunes. Acolle los tallos de las variedades tempranas para aumentar el rendimiento.

Coles de Bruselas Trasplante los ejemplares jóvenes de las primeras siembras a las hileras definitivas, dejando una separación de 60 cm entre ejemplares.

Trasplante Cuando ya no haya peligro de heladas, trasplante al exterior hortalizas delicadas tales como la tomatera, el pepino, el apio nabo y el apio, que se hayan cultivado bajo cristal.

Siembra Pasado ya el riesgo de heladas, siembre en el exterior habichuelas, fríjoles, pepinos, calabacines y maíz dulce, pero cúbralos con campanas hasta que se hayan asentado por completo. Siembre, asimismo, remolacha, espinacas, col china, coliflor de invierno, espinaca de Nueva Zelanda, brécol calabrés, coliflor, achicoria, escarola, colinabo, lechuga, cebolletas, guisantes, rábanos, nabo gallego y nabo común.

Frutales

Fresales Esparza paja entre las hileras, así como por debajo de los fresales, para que las fresas no entren en contacto con la tierra, reduciendo así el riesgo de que se las coman las babosas o los caracoles, o bien queden cubiertas de tierra. Recoja las fresas de los fresales tempranos cultivados bajo campanas.

Frambuesos Guíe los vástagos nuevos y aclare los tallos más intrincados de modo que queden 15 cm de separación entre matas de una misma hilera. Retire con la azada los chupones que aparezcan entre dichas hileras.

△ ACOLCHE LOS FRESALES *más pequeños con paja o una alfombrilla para que las fresas no se ensucien. Despunte los estolones a no ser que se desee propagarlos y cúbralos con una red para mantener alejados a los pájaros.*

Grosellero espinoso Recoja unas cuantas grosellas y disfrútelas. Retírelas de forma salteada de forma que las que queden tengan espacio suficiente para desarrollarse sin problemas. Si el mildiu constituye una amenaza, continúe rociando.

Chupones Elimine todos los chupones que crezcan directamente de las raíces de los árboles frutales.

Acolchado Extienda una capa gruesa de compost de jardín alrededor de los frutales de baya y árboles frutales para conservar la humedad del suelo.

Frutales en abanico Guíe de forma periódica las ramas de los frutales en formación de abanico, como los melocotoneros, los nectarinos, los ciruelos, los cerezos y los ciruelos damascenos, de manera que la estructura cubra la valla o el muro.

Vides Despunte los extremos de todos los vástagos laterales que salgan de la vara principal de la parra una vez que empiecen a desarrollarse los racimos de flores. Ate los vástagos a sus respectivos tutores.

Pájaros Instale una red sujeta sobre unos bastidores, o simplemente cubra con una red los frutales de baya para que los pájaros no se coman las bayas.

Enfermedades Continúe rociando de forma periódica con un fungicida apto para jardines para mantener a raya el mildiu, el gorgojo del manzano y el resto de las plagas y enfermedades.

Trampas Cuelgue de los manzanos trampas con feromonas a finales de la primavera para atraer y capturar a las polillas machos del manzano. Al cabo de unas semanas, cambie la cápsula por una nueva.

EL CÉSPED

Regular la altura Baje de forma gradual la altura de las cuchillas de la segadora a medida que el césped cobre fuerza. Empiece por una altura de unos 2,5 cm o más, si se trata de una zona difícil, y redúzcalas a lo

---

PLANTACIÓN DE HORTALIZAS EN SACOS DE TURBA

❖

Este método permite cultivar una gran variedad de hortalizas incluso allí donde el espacio sea un bien escaso. Tradicionalmente se utilizaban para plantar tomateras en invernaderos, si bien en la actualidad sirven para cultivar otras muchas hortalizas en invernaderos sin calefacción, desde pepinos y calabacines a hortalizas para ensalada, berenjenas, fresales y hierbas aromáticas. Además, esta técnica da también muy buenos resultados en los balcones y azoteas. Para facilitar el riego, coloque el saco sobre una bandeja de grava y practique unos cortes en la base de dicho saco para pasar por ellos unos tubos que lleven agua al sustrato desde el depósito. Tenga en cuenta que los sacos de turba contienen poco abono, así que al cabo de un mes de la plantación deberá aplicar abono líquido una vez a la semana. Tenga siempre lleno el depósito de agua y ate los tallos a una celosía, cordeles o cualquier otro tipo de tutor.

---

largo de las siguientes semanas hasta alcanzar los 1,25 cm en las zonas donde desee un césped más pulido.

Abonado Aplique un abono para césped en cualquiera de sus modalidades. Los abonos líquidos de rápida absorción tienen un alto contenido en nitrógeno y se pueden administrar con la regadera, aunque también están los de gránulos, de absorción más lenta, que se pueden aplicar con una esparcidora con ruedas para césped.

Musgos Renueve las zonas del césped que hayan sido tomadas por el musgo y estén secas. Después de aplicar un herbicida especial contra el musgo, rastrille la zona afectada para retirar el musgo seco. Retire el resto de los desechos a mano o con una rastrilladora de motor para césped.

Retoques Siembre de nuevo las zonas del césped que estén más claras. Para ello, rastrille la superficie del suelo con las semillas y cúbralo con una fina capa de sustrato. Si se trata de una zona pequeña, cúbrala con polietileno transparente sujeto por los bordes para mantener alejados a los pájaros hasta que surjan los primeros brotes.

Malas hierbas Arranque las malas hierbas a mano o, si se trata de una extensión de grandes dimensiones, aplique un herbicida especial para céspedes.

◁ *DÉ UN EMPUJÓN a los céspedes regándolos con un abono líquido especial. Si es una extensión grande, instale un mezclador para fertilizantes en el extremo de la manguera, válido tanto para abonar céspedes como arriates de flor.*

EL ESTANQUE

Nenúfares Ésta es una buena época para dividir los ejemplares más grandes. Saque las macetas del estanque, vacíelas y divida las matas en porciones, cada una de ellas con tallo y raíces. Replántelas sobre sustrato nuevo para plantas acuáticas y a medida que crezcan bájelas de forma gradual hasta su emplazamiento definitivo.

Algas verdes Las algas filamentosas no tardarán en hacer suyo el estanque, amenazando con cubrir la superficie y matar al resto de plantas. Para evitarlo, retírelas con un palo o el mango del rastrillo y échelas a la pila del compost. Tenga cuidado de no dañar la lona que hace las veces de base.

Plantas nuevas Incluya en el estanque plantas que contribuyan a oxigenar y mejorar la calidad del agua, tales como los nenúfares (*Nymphaea*) y otras especies flotantes del género *Nymphoides*, así como variedades con rizoma del género *Aponogeton*.

Consejos Suba el nivel del agua siempre que sea preciso. Utilice una red para recoger los desechos que se hayan acumulado, así como las lentejas de agua de la superficie.

EL INVERNADERO

Fucsias Despunte los extremos de los tallos para estimular la ramificación. Tenga en

▽ UNA VEZ PLANTADAS *en macetas de plástico, las plantas acuáticas se deben introducir en el estanque y colocar sobre una piedra o una base de ladrillos.*

22

cuenta que al hacerlo conseguirá unas plantas más tupidas, pero también retrasará la floración.

Vides Aclare con sumo cuidado los racimos más grandes con unas tijeras bien afiladas retirando las uvas más pequeñas o lastimadas. Despunte los extremos de los vástagos más largos hasta unas cuantas hojas más allá de los racimos.

Begonias Los tubérculos que empezaron a brotar a principios de año se pueden pasar a macetas (una por tubérculo) de 15 cm.

Gorgojo de la vid Estése atento ante cualquier indicio de la presencia del gorgojo de la vid, tanto en su fase de larva como adulta. Si encontrara algún ejemplar, aplique un nematicida biológico en el sustrato de las macetas y los arriates.

Riego En estas fechas, las plantas requieren una mayor cantidad de agua, así que revíselas cada día. Riegue con abono líquido una vez a la semana.

Esquejes Escoja vástagos de hortensias de nuevo crecimiento que no hayan florecido y utilícelos como esquejes. Tome asimismo esquejes de las plantas alpestres y ponga en macetas los esquejes que ya hayan enraizado.

Planteles Arranque las plantitas que ya estén lo bastante crecidas como para tomarlas con la mano y pase a maceta los esquejes enraizados y los ejemplares jóvenes.

Sombreado Para que el interior del invernadero no sea un horno en los días de más calor, encale o coloque unas persianas en los cristales del techo así como en los que quedan al sur. Abra las ventanas y los orificios de aireación por la mañana, o bien instale un mecanismo de abertura automática. Tenga siempre la calefacción a punto para las noches de frío más intenso.

Endurecimiento Los días de buen tiempo, saque al exterior o bien traslade a cajoneras frías las macetas y bandejas de plantas estivales, las dalias, los crisantemos y las hortalizas delicadas para que se

◁ PINCE LOS RAMILLETES *de flores marchitas de las azaleas y los rododendros para que no suelten semillas. Asimismo, riéguelas con una buena dosis de abono líquido.*

MACETAS COLGANTES

❖

Si dispone de invernadero, plante a principios de la primavera varicdades estivales en macetas colgantes. Al hacerlo, permitirá que estas plantas de pequeñas dimensiones se asienten y se desarrollen antes de trasladarlas a su emplazamiento definitivo durante los meses estivales. Los centros de jardinería rebosan de una enorme variedad de plantas semirresistentes de temporada y perennes delicadas, como las fucsias, los geranios y los cóleos, además de las begonias colgantes y otras plantas de flor. Sea generoso a la hora de plantar en las macetas, elija modelos de gran tamaño y plante en ellos el mayor número posible de variedades para conseguir un mayor efecto decorativo.

endurezcan y se aclimaten a las condiciones del exterior.

Pepinos Despunte los extremos de los vástagos laterales dos hojas más allá de donde se encuentren los frutos. Detenga el crecimiento de todos los tallos que no tengan flor una vez que hayan alcanzado los 60 cm de longitud. Despunte la guía cuando llegue al techo y abone de forma periódica.

Tomateras Ate las guías cada semana a cañas o a cualquier otro tipo de tutor, y despunte los vástagos laterales, que pueden crecer por encima de cada hoja del tallo. Sacuda las flores cada día para estimular la polinización y aumentar así la cosecha. No permita que anden escasas de agua y abone dos veces por semana con un fertilizante para tomateras de alto contenido en potasio.

Bulbos en reposo Reduzca la frecuencia de riego de *Freesia, Nerine, Lachenalia* y *Veltheimea* en macetas para que se sequen y entren en fase de reposo durante

el verano. Guárdelos bajo las mesas del invernadero.

Crisantemos Continúe pasando los esquejes y los ejemplares jóvenes a macetas algo mayores a medida que las raíces aumenten de tamaño. Para estimular una ramificación equilibrada de la planta, despunte los extremos de los tallos. El número de tallos que florezcan dependerá de la variedad que se cultive.

TAREAS PARA FINALES DE LA PRIMAVERA

❏ Pince las flores marchitas de las camelias, los rododendros, las azaleas y las magnolias.

❏ Recorte los setos de aligustre de forma periódica para mantenerlos limpios y con una buena forma.

❏ Tutore los tallos con flores de las azucenas y los lirios altos, y guíe con cañas los gladiolos que queden en lugares expuestos.

❏ Entrecave con regularidad en los días secos para evitar que las malas hierbas se asienten.

❏ Aplique un herbicida de larga duración en los senderos y los caminos.

❏ Trate los brotes tiernos de las malas hierbas vivaces con un herbicida.

❏ Respete los nidos de los pájaros que pueda haber en los setos o en los arbustos.

❏ Vigile la presencia de pulgones y otras plagas en los arbustos, y actúe en consecuencia.

❏ Termine de plantar las variedades perennifolias y riéguelas con abono líquido.

❏ Mantenga limpias las rocallas y los jardines de plantas alpestres, cortando para ello los tallos con flores secas.

❏ Repare los bordes descuidados de los céspedes.

❏ Tenga en cuarentena las plantas recién compradas en un rincón del invernadero durante unos días por si fueran portadoras de alguna plaga.

23

◁ ATE LOS PEPINOS *a cañas rectas o bien sujete los tallos alrededor de unos cordeles colgados del techo del invernadero.*

Principios del verano

Por estas fechas, rara es la planta que no crece con fuerza, incluidas las malas hierbas. La prioridad ahora es dejar a punto las plantas para el verano, tanto las ornamentales como las hortalizas. A medida que el calor aprieta, se hace necesario el riego diario, así que resérvese un rato por las noches para relajarse en el jardín regadera en mano.

Solanum crispum

EL JARDÍN

Plantas de temporada Termine de plantar las variedades delicadas de temporada en macetas o bien directamente en los parterres, regándolas con una solución de abono líquido.

Formación de trepadoras Guíe sobre muros, enrejados y demás tutores los renuevos de las trepadoras y arbustos tales como la madreselva, los rosales, las clemátides y *Solanum crispum*.

Esquejes Trasplante los crisantemos y las dalias cultivadas a partir de esquejes, y guíelas con una estaca robusta (una por ejemplar) que sostenga los tallos con flores a medida que se desarrollen. Despunte los extremos de los vástagos principales de los crisantemos de floración temprana para estimular su ramificación.

Cannas Plante en el exterior los ejemplares que se hayan tenido en macetas en el invernadero, pero subraye su porte esbelto colocándolos en un macizo estival.

Acodo de plantas arbustivas
Dé lugar a nuevos ejemplares de retama, azaleas caducifolias, magnolias y otras plantas arbustivas realizando acodos en la base de los tallos de variedades de crecimiento bajo. Mantenga siempre húmedo el suelo alrededor de los ejemplares acodados desde principios de año.

Tutorado Continúe atando a cañas los tallos con flor de vivaces de porte erguido, como la espuela de caballero.

Rociado de los rosales Las variedades de rosal más vulnerables al mildiu o las manchas negras deberían rociarse con un fungicida adecuado de forma discontinua a lo largo de todo el verano. Con el tiempo, sustituya los ejemplares más proclives a contraer enfermedades por otros resistentes. Allí donde el pulgón verde también constituya una amenaza, aplique una mezcla de insecticida y fungicida especial para rosales.

Desyemado de los rosales En el caso de los rosales con flores de grandes dimensiones (para cortar o llevar a exhibiciones), elimine todas las yemas que se desarrollen a los lados de cada rosa principal en cada uno de los tallos.

Abonado Esparza un fertilizante universal en gránulos alrededor de cada planta y arbusto con flores. Entrecave la superficie

del suelo y riegue si el tiempo permanece seco. Otra posibilidad es regar a fondo con abono líquido cada quince días.

Clemátides Lleve a cabo una poda drástica de los ejemplares más grandes de *C. montana* para estimular el crecimiento de brotes nuevos.

UN RECUERDO GRÁFICO

❖

Fotografíe el jardín cada mes para confeccionar un álbum fotográfico del mismo y tenerlo como referencia en el futuro. Al hacerlo, podrá identificar los posibles errores que pueda haber al combinar varias plantas, y al mismo tiempo podrá tener constancia del color de las flores y del tamaño y el porte de las plantas de un determinado emplazamiento, así como elegir las plantas nuevas que vaya a introducir de modo que combinen a la perfección.

▷ **RELLENE LOS HUECOS DE UN ARRIATE**
con plantas de temporada de vistosos colores, como los geranios o Gypsophila muralis. Si se plantan a principios del verano, darán flor hasta el otoño, durante más tiempo incluso que las margaritas vivaces.

24

TRUCOS PARA REGAR

- En estas fechas, los calabacines y las calabazas se pueden plantar en el exterior. Realice una pequeña depresión en el suelo para plantarlos y deje una especie de anilla de tierra alrededor de la planta de manera que el agua que quede dentro de dicha anilla vaya directamente a las raíces.

- En el caso de las tomateras y demás hortalizas que requieran agua en abundancia, entierre una maceta vacía de plástico de entre 7,5 y 10 cm junto a cada mata. De ese modo, al regar en dicha maceta se asegurará de que el agua alcance las raíces en vez de limitarse a humedecer la superficie del suelo.

- Riegue con un fertilizante para tomateras rico en potasio y diluido en agua, una vez por semana durante todo el verano. Cubra la superficie del suelo alrededor de cada mata con un acolchado de compost de jardín para conservar la humedad e impedir el desarrollo de malas hierbas.

◁ GUÍE LAS PLANTAS *arbustivas y trepadoras sobre muros y vallas. Ate los brotes nuevos a alambres en sentido horizontal sujetos por medio de tornillos y dispuestos a intervalos regulares.*

EL HUERTO
Hortalizas

Judías Trasplante las habichuelas o los fríjoles cultivados en macetas en el invernadero, o bien siémbrelos en el exterior para tener una cosecha más tardía.

Patatas Escarde la tierra alrededor de los tallos para estimular las raíces y aumentar de ese modo la cosecha. Esparza un fertilizante universal a lo largo de las hileras y mézclelo con la tierra a medida que acolle los tallos.

Pepinos Trasplante los pepinos a cajoneras frías. En regiones cálidas se pueden cultivar también en el exterior si se escoge un emplazamiento soleado.

Trasplantes Trasplante los puerros, el apio autoblanqueante, los calabacines y las calabazas.

Tomateras Tanto las variedades arbustivas como las de cordón se pueden trasplantar sin problemas, ahora que ha pasado el riesgo de heladas. Ate las tomateras en cordón a estacas gruesas que midan como mínimo 90 cm de alto, y guíelas como si tuvieran un único tallo, eliminando los laterales. En cuanto a las arbustivas, deje que se extiendan por el suelo libremente.

Habas Despunte los extremos tiernos para no atraer al pulgón negro.

Achicorias Siémbrelas tan pronto como sea posible. Las raíces se pueden arrancar y pasar a maceta en invierno para adornar las ensaladas de esta estación.

Hortalizas de ensalada Siembre unas cuantas semillas de este tipo de hortalizas, como lechugas, rábanos y demás variedades cada quince días durante todo el verano.

Otras hortalizas Entre las hortalizas que se pueden sembrar también durante esta época para realizar una cosecha más tardía cabe destacar la escarola, el nabo gallego, la remolacha, la zanahoria, la achicoria, el calabacín, el colinabo, la verdolaga, la espinaca de Nueva Zelanda, el maíz dulce, la col china, el nabo y la coliflor. Entresaque las plantitas hasta que quede la separación adecuada.

PODA DE PLANTAS ARBUSTIVAS

❖

- A finales de la primavera y principios del verano, pode las plantas arbustivas que hayan florecido, como la celinda, *Weigela*, el espino de fuego, el ceanoto, *Kerria*, *Berberis darwinii*, *Escallonia* y *Deutzia*, justo tras la floración.

- Aunque no hace falta podar todos los años, al hacerlo se estimula la formación de renuevos basales al tiempo que se evita que la planta crezca alta pero desnuda y abierta por la base.

- La poda de renovación da buenos resultados con un gran número de plantas arbustivas. Para ello, es preciso cortar uno de cada tres vástagos con el fin de estimular el crecimiento de otros nuevos que los sustituyan.

- En el caso de las plantas arbustivas guiadas sobre un muro, ate los vástagos nuevos a alambres o un enrejado, y retire los que crezcan hacia dentro o hacia fuera de dicho muro. Los extremos de tallos nuevos sanos de muchas plantas arbustivas se pueden plantar como esquejes en macetas con sustrato para que enraícen.

- Después de la poda, riegue las plantas con una generosa dosis de abono líquido y cubra el suelo de su alrededor con un acolchado para conservar la humedad.

△ PODE *los tallos de la celinda que hayan dado flores cuando éstas se hayan caído.*

Frutales

Pájaros Cubra los fresales, los groselleros espinosos y otras variedades de grosellero y frutales de baya con una red para mantener alejados a los pájaros. Anude una caña en los bordes de la red y entiérrela de modo que los pájaros no puedan pasar por debajo.

Fresales Extienda un acolchado de paja junto a las hileras de fresales, justo debajo del follaje y las fresas todavía en formación para que no se ensucien con la tierra.

Groselleros espinosos Recoja unas cuantas grosellas pequeñas para aclarar la mata de modo que las que queden estén lo bastante espaciadas como para crecer sin estorbarse. Emplee las grosellas que haya recogido para fines culinarios.

Aclarado de los manzanos Es probable que los manzanos tengan demasiadas manzanas, algunas de las cuales caerán de forma natural. De todos modos, contribuya al aclarado retirando las deformes, feas o enfermas, así como las que hayan sido atacadas por alguna plaga.

Ciruelos Aclárelos hasta dejar de 5 a 7,5 cm entre ciruelas contiguas.

Higueras Ate los vástagos de los ejemplares formados en abanico que crezcan junto a un muro cálido. Despunte los extremos de todos los vástagos laterales en cuanto tengan cinco hojas.

Escarabajo del frambueso Si en la temporada pasada se encontró unos gusanos pequeñitos en las frambuesas, rocíelas ahora con un insecticida adecuado para erradicar la plaga. Rocíe también las zarzamoras, el frambueso norteamericano y otros frutales de baya similares. Asimismo, controle la población de áfidos, portadores potenciales de enfermedades víricas.

EL CÉSPED

Siega Ahora que crece con fuerza, siegue el césped al menos una vez por semana, dos en el caso de que desee un mejor acabado en aquellos céspedes de mayor calidad.

Restos de césped Recíclelos añadiéndolos a la pila del compost o utilícelos a modo de acolchado alrededor de los árboles y las plantas arbustivas.

Altura adicional Si el tiempo es muy seco, deje el césped algo más alto de lo normal para que resista mejor la sequía.

Riego No malgaste el agua con los aspersores y recicle en su lugar el agua de uso doméstico recogiéndola en recipientes para posteriormente regar con ella el césped.

PROPAGACIÓN DE PLANTAS A PRINCIPIOS DEL VERANO

❖

- Arranque y divida las matas aglomeradas del falso ácoro después de la floración. Desentierre la mata entera y corte los fragmentos de rizoma que estén viejos o dañados. A continuación, vuelva a plantar los ejemplares sanos de uno en uno en un suelo nuevo y enriquecido, y deje el resto del rizoma en la superficie para que se seque al sol. Si el espacio es limitado, reduzca el tamaño de las hojas.

- Los brotes tiernos de un gran número de plantas arbustivas constituyen excelentes esquejes de tallo tierno, fáciles de enraizar en cualquier germinador o invernadero con calefacción. Destacan, entre otras, la hortensia, la griñolera, *Weigela* y la celinda.

- Para la multiplicación, emplee tan sólo tallos sanos que no hayan florecido. Por lo general, el enraizamiento es más fácil si se embadurna el extremo del esqueje con hormonas de enraizamiento, las cuales suelen llevar algún fungicida para impedir que el corte se pudra.

- Plante los esquejes en macetas pequeñas (una por esqueje) rellenas de sustrato húmedo y arena, y cúbralas con frascos de cristal o bolsas de plástico sujetas con una goma. Cuando las raíces hayan llegado a la base de la maceta, retire el frasco o la bolsa y coloque la planta en un lugar iluminado.

△ **LO MÁS PRÁCTICO** *a la hora de limpiar los bordes de un césped recién segado son estas tijeras de recortar de mango largo, que permiten hacer el trabajo sin necesidad de agacharse.*

EL ESTANQUE

Algunos consejos Rellene el estanque de agua para compensar la que se evapora por la acción del calor. Limpie la superficie de lentejas de agua y algas filamentosas con una red de pescar para niños. Limpie los márgenes de forma periódica para que no caigan al agua las hojas y los tallos secos de las plantas circundantes.

Número de plantas Es importante que el estanque guarde cierto equilibrio. Intente cubrir la mitad o dos tercios de la superficie total con plantas flotantes, como los mismos nenúfares, y plante más especies acuáticas en macetas si precisa de un mayor número de plantas.

Fauna Instale una rampa de pequeñas dimensiones entre los márgenes de un estanque formal y los elementos decorativos de forma que los mamíferos más pequeños, como los erizos, puedan subirse a ella en caso de caer al agua. En los estanques informales con una bolsa como base, dibuje una orilla con guijarros a lo largo del borde.

Malas hierbas Desherbe o aplique herbicidas de forma localizada contra las malas hierbas como el diente de león. Los céspedes infestados de malas hierbas deberían tratarse de una forma más amplia con un herbicida líquido o en gránulos. Si no llueve en los días inmediatos al tratamiento, riegue en abundancia.

Abono Abone el césped con un abono rico en nitrógeno especial para césped. El abono líquido suele absorberse antes que las versiones en polvo y además resulta más fácil de aplicar, si bien algunas modalidades en gránulos tienen una duración mucho mayor, que puede prolongarse toda la temporada.

Segadoras Si la segadora no acaba de cortar bien del todo, afile o retoque las cuchillas, o llévela a reparar.

▷ **LA LENTEJA DE AGUA** *es una planta que se compone de dos diminutas hojas que flotan en la superficie del agua y de las que cuelga una raíz corta. Se multiplica con suma facilidad hasta formar alfombras que acaban asfixiando el estanque. Retírelas con una red de pesca.*

COMPOST CASERO

Todos los desechos que produce un jardín se pueden reciclar convirtiéndolo en compost, así como los restos de hortalizas, frutas, mondas y cáscaras de huevo que se generan en la cocina. En la medida de lo posible, tenga dos pilas de compost, de manera que se puedan añadir a una de ellas los desechos frescos mientras la otra se encuentre en pleno proceso de descomposición. Un arcón con tapa da mejores resultados que uno con tablones en celosía. Intente mezclar al máximo los materiales de desecho al añadirlos a la pila de compost. Así, por ejemplo, evite poner juntas grandes cantidades de césped segado, ya que formarían una masa demasiado compacta; en su lugar, altérnelas con otro tipo de desechos. Desmenuce el material más leñoso y grueso antes de añadirlo, y agregue a las pilas un activador del compost biológico con el fin de acelerar el proceso de compostaje. Riegue cuando sea preciso, de manera que el material de desecho no esté nunca seco.

27

ÁRBOLES Y PLANTAS ARBUSTIVAS EN MACETONES

❖

- Tanto las plantas arbustivas perennifolias y de flor como los árboles de pequeñas dimensiones, como el arce japonés, dan muy buenos resultados plantados en macetones en un patio. Al poderse mover, se pueden alternar las combinaciones de plantas y, además, se pueden llevar consigo al cambiar de casa.

- Elija macetones de al menos 35 cm de diámetro e idéntica profundidad, y compruebe que tengan en la base un agujero para que drene el agua. Antes de rellenarlos con un sustrato con base de tierra, extienda una capa de gravilla en la base. En el caso de las plantas arbustivas amantes de suelos ácidos, como las camelias y los arándanos, utilice un sustrato de ericáceas. Al plantar, deje un margen de 5 cm de separación entre el sustrato y el borde del macetón para facilitar el riego. Las plantas arbustivas requieren una frecuencia de riego casi diaria en pleno verano, además de una dosis semanal de abono líquido. Para mejorar el drenaje, coloque los macetones sobre unos calzos o ladrillos.

- Los árboles frutales también pueden tenerse en grandes macetas. Opte por las variedades más compactas de melocotonero, ciruelo, manzano y demás frutales especialmente recomendables para tal fin, injertadas en muchos casos sobre portainjertos enanos. Si tan sólo dispone de espacio para un árbol, elija uno de una variedad autofértil, pues de lo contrario deberá polinizarlo para obtener cosecha.

▽ LOS HELECHOS ARBORESCENTES *de árbol constituyen unos llamativos elementos decorativos por sí solos y son ideales para colocarlos en un emplazamiento sombrío de un patio o junto a un muro.*

EL INVERNADERO

Temperatura Abra las puertas y los orificios de aireación del invernadero cada mañana para rebajar la temperatura del interior, pero ciérrelos de nuevo por la noche. En la parte que dé al sur, cubra los cristales con persianas, mallas o un encalado.

Abonado Continúe abonando las plantas que estén en macetas y en sacos de turba al menos una vez por semana. A veces, sin embargo, da mejores resultados abonar dos veces en dosis inferiores de modo que las plantas no se queden sin alimento.

Esquejes Tome esquejes de cóleos, begonias de hojas llamativas, violetas africanas y otras plantas de interior. Multiplique también las fucsias y los geranios de pensamiento.

Clavelinas Tome esquejes de tallos que no hayan florecido de unos 10 cm de largo y plante varios juntos en una misma maceta pequeña con sustrato.

Begonias Plante en macetas los tubérculos y guíe los ejemplares más altos con cañas. Abone las begonias y las gloxíneas de forma periódica.

Siembra Siembre las variedades de planta de flor para maceta de *Primula malacoides*, *Primula sinensis*, *Calceolaria* y *Cineraria*.

△ **DESPUNTE** *de forma periódica los extremos de los tallos del cóleo para estimular un crecimiento tupido, y elimine las flores tan pronto como aparezcan.*

Mosca blanca Cuelgue en el invernadero varias cartulinas amarillas con pegamento para atrapar a la mosca blanca. Suelte algún ejemplar de avispa parasitaria (*Encarsia*) tan pronto como vea alguna mosca blanca para que ésta no vaya a más.

CONTROL DE PLAGAS

Áfidos Las grandes concentraciones de pulgón verde deben combatirse con un insecticida o un pulverizador con jabón.

Babosas y caracoles Meta las babosas o los caracoles que recoja dentro de un frasco para matarlos. Suelen salir con el fresco de la noche y se puede seguir su rastro con una linterna. Otra opción consiste en esparcir gránulos antibabosas en las proximidades de las plantas y los planteles más «golosos», o bien colocar en el suelo recipientes repletos hasta los topes de leche o cerveza agria para atraer a las babosas.

Orugas Si en las hojas se encuentra con agujeros de grandes dimensiones, lo más probable es que haya orugas en las proximidades. Búsquelas y mátelas de inmediato.

△ **LAS TRAMPAS COLGANTES** *de feromonas en los manzanos permiten atraer y capturar a los machos de la mosca, que permanecen en ella hasta su muerte. Al no poder fertilizar a las hembras, el riesgo de plaga se reduce.*

EL MEJOR ALIMENTO PARA LAS PLANTAS

❖

Los centros de jardinería tienen a su disposición un enorme abanico de fertilizantes y abonos diferentes, con lo que a veces se hace difícil decidirse por uno en especial. Ante todo, conviene tener presente que las plantas necesitan tres elementos fundamentales para crecer sanas y lozanas: el nitrógeno, el fósforo y el potasio, que en la etiqueta de los envases suelen aparecer bajo las siglas NPK. El número que aparece junto a cada una de dichas letras indica la proporción en que están presentes en el fertilizante. El nitrógeno es para estimular el crecimiento de las hojas y los tallos; el fósforo favorece el crecimiento de las raíces, y el potasio estimula la formación de flores y frutos.

Piense qué es lo que necesitan sus plantas y elija el fertilizante que se adecue mejor a sus necesidades. Así, por ejemplo, para que el césped crezca exultante en primavera y verano lo mejor es un fertilizante rico en nitrógeno. En cambio, a las plantas de flor en macetas o los frutales de baya hay que proporcionarles una gran cantidad de potasio o potasa. Para simplificar la selección, muchos fabricantes han ideado fertilizantes para plantas específicas, como céspedes, plantas arbustivas, ericáceas, tomateras y un largo etcétera. Aplique las dosis que se describen en las instrucciones de uso.

Harina de huesos

Fertilizante inorgánico granulado

Gránulos de estiércol de aves

TAREAS PARA PRINCIPIOS DEL VERANO

❑ Despunte los tallos laterales de los guisantes de olor que se vayan a cultivar en cordón.

❑ Pince las inflorescencias marchitas de las azaleas y los rododendros.

❑ Siembre semillas de alhelí en un rincón del jardín para trasplantarlos en otoño con cepellón de modo que den flor la siguiente primavera.

❑ Guíe los gladiolos que estén en jardines expuestos atando con holgura las hojas y espigas con flores a cañas (una por ejemplar).

❑ Escarde o desherbe a mano los senderos y los márgenes de forma periódica. Combata las malas hierbas vivaces con un herbicida sistémico.

❑ Señale la posición que ocupan los bulbos de floración primaveral una vez que se seque el follaje de manera que no se dañen por descuido al remover la tierra.

❑ Recoja el agua de la lluvia en cubos y riegue con ella las plantas. Dé algo más de agua a las plantas que se encuentren al pie de algún muro, ya que no es probable que el agua de la lluvia llegue hasta ellas.

❑ Realice una poda drástica de *Clematis alpina* y *C. macropetala* una vez que hayan florecido.

❑ Corte las vivaces de floración temprana como la espuela de caballero, el lupino y *Nepeta* para limpiarlas y estimular una segunda floración más adelante.

❑ Despunte los extremos de los tallos de las plantas colgantes situadas en macetas igualmente colgantes para que se ramifiquen. Pince las flores marchitas de vez en cuando.

29

Mediados del verano

A mediados del verano, cuando el jardín se encuentra en pleno apogeo, tómese cierto tiempo para aprender de sus propios éxitos así como de los de sus amigos y vecinos. Mentalícese y convierta la rutina del riego y la desfloración en actividades placenteras encaminadas a alargar la temporada de floración, y prepárese ya para la estación que viene.

△ **LOS GUISANTES DE OLOR** *florecen durante todo el verano siempre y cuando se pincen periódicamente. Si se deja la flor, ésta no tarda en desarrollar semilla, así que elimine las flores y las vainas marchitas.*

EL JARDÍN

Plantas de temporada Desflore las plantas de macetas, cestos colgantes y arriates cada ciertos días para mantenerlas limpias y productivas. No deje que den semilla ya que, además de ser un incordio, representa poner punto final al encanto de las flores.

Bulbos de floración otoñal Compre bulbos y plántelos ahora, para que florezcan en otoño, de plantas como el cólquico, el azafrán de otoño, *Sternbergia*, *Nerine bowdenii* y *Amaryllis belladonna*.

Guisantes de olor No se olvide de regarlos periódicamente si el tiempo es seco, y ate los tallos a los tutores para que trepen por ellos. Despunte o desflore con regularidad.

Brezos Extienda un acolchado nuevo de compost o corteza alrededor de los brezos.

Celindas Cuando haya pasado la floración, pode una parte de los tallos más viejos y débiles, y dé a la planta una forma arbustiva.

Dalias Guíe los tallos nuevos, que podrían romperse con un golpe de viento, y abone con un fertilizante líquido.

Hortensias azules Riéguelas periódicamente con una solución colorante para que las variedades azules conserven dicho color en la siguiente estación, así como para estimular a las de color rosa a que se vuelvan azules allí donde el suelo no sea ácido.

Lirios Termine de dividir las matas aglomeradas de los lirios.

Rosales Recorte los tallos que hayan acabado de florecer justo por encima de una hoja. Con ello, se pretende estimular el crecimiento de nuevos brotes que traigan consigo nuevas flores más adelante. No obstante, no pode las variedades que desarrollen escaramujos coloreados en otoño.

30

CHUPONES DE ROSALES

No pierda de vista los chupones de rosal que crecen a partir de portainjertos situados bajo tierra. Excave hasta dar con el lugar exacto donde nacen y arránquelos sin dejar rastro: si se cortan con unas podaderas, no tardarán en rebrotar. En cambio, corte con un cuchillo los chupones que crecen fuera de lugar en el tallo de los rosales en forma de arbolito. Intente no azadonar demasiado hondo alrededor de los rosales, ya que de las raíces lastimadas crecen chupones.

◁ **ES CONVENIENTE** *arrancar y dividir el falso ácoro justo después de la floración. Corte varios fragmentos sanos del rizoma, cada uno de los cuales con unas cuantas hojas, y replántelos en un suelo preparado y en un emplazamiento abierto y soleado.*

**AZUCENAS
DE NUEVA COSECHA**

Aproveche para plantar azucenas nuevas a partir de fragmentos de bulbo. Para ello, tire de los bulbos nada más terminar la floración y retire unos cuantos fragmentos (escamas) de la parte de fuera antes de volverlos a plantar. Lávelos con un fungicida e introdúzcalos en una bolsa transparente de polietileno repleta de vermiculita húmeda para que broten. Una vez se hayan desarrollado las primeras raicillas y bulbillos, enmacételos por separado y trasládelos a una cajonera fría, donde deberan permanecer durante un año antes de plantarlos en un semillero. Los bulbos tardarán tres años en alcanzar el tamaño suficiente para florecer. Algunas variedades desarrollan pequeños bulbos en cada una de las hojas del tallo: cuando sean lo bastante grandes como para sujetarlos con la mano, arránquelos y plántelos a poca profundidad en macetas o en bandejas como si se tratase de semillas de gran tamaño.

◁ ESTIMULE UNA SEGUNDA FLORACIÓN *de rosas a finales del verano desflorando los rosales arbustivos tan pronto como los pétalos empiecen a caer. Preste atención a posibles enfermedades y rocíe ante el primer indicio de infección.*

---

una variedad catalogada, pero tenga en cuenta que pueden tardar varios años hasta asentarse del todo y dar flores.

Propagación

Esquejes Aproveche estas fechas para multiplicar una gran variedad de vivaces delicadas a partir de esquejes, como margaritas, cóleos, *Osteospermum*, fucsias, geranios y *Felicia*. Enraícelos en macetas pequeñas o bien plante varios juntos en una mayor y divídalos una vez hayan enraizado en macetas de 7,5 cm, en las que deberán permanecer todo el invierno.

Acodos Doble hasta el suelo algún tallo de madreselva, glicina o pasionaria, practíqueles un corte, embadurne este último con hormonas de enraizamiento y entierre esta parte del tallo bajo tierra.

Poda de las glicinas Ate los tallos largos de los renuevos con el fin de dotar de forma a la planta. Dirija el tallo principal hacia arriba y después con alambres, de manera que las flores puedan colgar de ellos de forma escalonada. A mediados del verano, pode todos los vástagos laterales hasta dejarlos a entre 15 y 10 cm del tallo principal, y acórtelos de nuevo en invierno hasta dejarlos

a tan sólo 5 cm. Esta doble poda anual estimula la aparición de flores en los tallos principales.

Cuidados de la glicina Manténgala bien regada durante los períodos más secos del verano y abone de forma regular los ejemplares ya asentados con un abono líquido rico en potasio para estimular la floración. Compre siempre ejemplares de

Fíjelo con una piedra grande y no deje que el suelo se seque. Por último, ate el extremo del tallo a una caña. Los tallos acodados tardan cerca de un año en enraizar del todo.

Plantas arbustivas Tome esquejes de tallo tierno y semileñoso de vástagos que no hayan florecido de plantas tales como el fustete, la cincoenrama, la hiedra, la hortensia, la espirea, el romero, *Weigela*, el espino de fuego, *Hypericum*, la madreselva, la celinda, la griñolera y el ceanoto, además de plantas de seto.

Rosales Son muchas las variedades que se multiplican sin problemas a partir de esquejes. Éstos deben tener unos 30 cm de largo y se toman por debajo de una yema foliar basal, quitando todas las hojas inferiores y cortando a su vez por encima de una hoja situada en el extremo superior para así deshacerse de la parte más tierna. Introduzca los esquejes hasta la mitad en el suelo y déjelos que enraicen hasta el otoño, momento en que se pueden trasplantar.

Claveles Para obtener ejemplares nuevos, es preciso acodar los vástagos laterales que no tengan flor. Primero, añada compost al suelo

y, acto seguido, doble los tallos hasta que toquen tierra. Practique un cortecito en diagonal por una yema, fije el esqueje firmemente al suelo, cúbralo con compost y riegue. Mantenga la tierra húmeda hasta que enraice y, cuando ya se pueda desenterrar, sepárelo de la madre y plántelo.

Camelias Tome esquejes de los renuevos y plántelos en sustrato con arena en un germinador cubierto para que enraicen.

Hibiscos Corte con un cuchillo unos vástagos laterales sin flores, de modo que queden con un trozo de corteza e introdúzcalos en macetas con un sustrato que drene muy bien. Colóquelos en una cajonera a la sombra para que enraicen.

Zarzamoras Doble los extremos de los renuevos hasta el nivel del suelo y entiérrelos en macetas con sustrato. Se puede realizar con ellos un acodo apical para que enraicen y den lugar a nuevos ejemplares.

EL HUERTO
Hortalizas

Lechugas Recójalas mientras estén todavía frescas y tiernas, y corte uno de cada dos

ejemplares de cada hilera para dejar más sitio a las que quedan. Para obtener una cosecha ininterrumpida, siembre cada semana.

Escarolas Siembre ahora para cosecharlas en otoño.

Habichuelas No permita que les falte nunca agua. Recójalas varias veces a la semana para que no se pongan duras.

Patatas Desentierre la segunda cosecha cuando sus extremos empiecen a secarse, pero riegue las variedades normales y rocíe con fungicida para prevenir la roya.

Crucíferas Trasplante la col, la col de Bruselas y el resto de las crucíferas de los semilleros a su emplazamiento definitivo, dejando el espaciado adecuado.

Cebollas Escarde entre las hileras para eliminar las malas hierbas. Manténgalas bien regadas. Coseche las cebollas japonesas plantadas el pasado otoño.

Cebolletas Estire de las cebolletas cuando ya estén maduras y déjelas en el suelo para que se sequen antes de limpiarlas y almacenarlas.

Nabo gallego Todavía cabe realizar una última siembra durante esta época. Cubra las hileras con un lienzo para proteger la cosecha de la pulguilla.

Perejil Siembre ahora una hilera para disponer de hojas que cortar en otoño.

Puerros Trasplante los ejemplares que se hayan cultivado mediante semilla cuando alcancen el grosor de un lápiz.

Siembra Siembre durante esta época lechugas, espinacas, remolacha, rábanos, escarolas, coles de primavera, colinabos, guisantes, nabos, cardos, hortalizas de hoja para ensalada y coles chinas.

Frutales

Fresales Tras la fructificación, quite las hojas que queden justo por encima de las coronas así como los estolones que no interesen. Retire con el rastrillo la paja vieja.

Higueras Acorte los laterales de los ejemplares asentados hasta dejar sólo cinco hojas.

◁ PARA CONSEGUIR UN CONJUNTO
decorativo, combine plantas de flor con hortalizas de vivos colores.

◁ **ECHE UN VISTAZO** *a los fresales cada dos días y recoja las fresas a medida que maduren. Cubra las matas con una red para mantener alejados a los pájaros.*

POR UNA JARDINERÍA SEGURA

- Utilice siempre guantes gruesos al manipular los rosales y demás plantas con espinas, así como cuando trabaje con cuchillos, serruchos o cualquier otro aparejo de poda cortante.

- Proteja los extremos de las cañas y otros tipos de tutores puntiagudos con un tope para proteger los ojos.

- Siempre que utilice tijeras mecánicas, provéase de gafas protectoras, ropa de manga larga y pantalones de pierna entera para proteger los ojos de las piedras y demás restos que puedan saltar por el aire, así como para que la savia de las plantas no provoque irritaciones cutáneas.

- Calce zapatos o botas resistentes al cavar la tierra o segar el césped.

- No deje nunca los aparejos de jardinería tirados de cualquier manera, ya que constituyen un peligro potencial.

- Al elegir las campanas y las cajoneras, opte por los modelos con un recubrimiento de policarbonato o plástico transparente irrompible en vez de cristal.

- Enchufe siempre los aparatos eléctricos de jardinería a un circuito de corriente residual y bajo ningún concepto toque un cable cortado o desgastado sin desconectar antes el aparato.

- Mientras trabaje con aparatos eléctricos o herramientas de poda, mantenga a los animales de compañía y a los niños fuera del jardín.

- Si tiene niños pequeños, tenga cuidado con las plantas potencialmente peligrosas, como el codeso. Asimismo, evite en lo posible las plantas tóxicas, sobre todo las que tienen tentadores frutos de colores llamativos.

- Utilice con moderación los productos químicos en el jardín. Lea siempre las instrucciones de uso del fabricante y sígalas al pie de la letra.

Frambueso Continue aclarando los tallos nuevos más enmarañados y pode los que molesten desde la misma base de manera que los que queden tengan entre sí una separación de unos 15 cm. Cubra las hileras de los ejemplares de fructificación estival con una red para mantener alejados a los pájaros. Recoja las frambuesas de forma periódica para disfrutar de todo su sabor.

Manzanos Aclare las ramas con demasiadas manzanas. Para ello, recoja las más pequeñas o las que estén lastimadas o infectadas para que las que queden tengan más espacio disponible. Lo ideal es que haya de 10 a 15 cm de distancia entre manzanas en una misma rama.

Frambuesos norteamericanos Cuando haya recogido las bayas del frambueso norteamericano y otros frutales de baya similares, corte los tallos viejos que hayan dado fruto desde la base y ate a alambres los que se hayan desarrollado durante el último medio año, de manera que queden abiertos de forma más o menos parecida.

Ciruelos Aclare los ejemplares con demasiadas ciruelas o bien guíe las ramas con mayor inclinación para que no se rompan por el peso de los frutos.

33

PODA DE MANZANOS Y PERALES

Así como la poda invernal contribuye a regular el tamaño, el vigor y la forma de los árboles frutales, lo que se pretende con la poda de mediados a finales del verano es precisamente estimular el desarrollo de los espolones de fructificación en las ramas. A finales del verano es cuando empiezan a desarrollarse las yemas que más tarde, en la primavera siguiente, se habrán convertido en flores, así que acorte todos los vástagos laterales de los manzanos y los perales hasta dejarlos con cinco hojas, o bien con unos 15 cm de longitud desde la base. Asimismo, recorte todos los sublaterales hasta dejarlos con una hoja o unos 2,5 cm de largo. Este procedimiento resulta especialmente interesante en el caso de los ejemplares guiados, ya sea en abanico, cordón o espaldera, ya que permite mantener dicha forma sin por ello repercutir en un menor rendimiento. No pode los extremos apicales para de ese modo prolongar la estructura del árbol.

EL CÉSPED

Siega Corte el césped una vez por semana, o más a menudo si dispone de tiempo suficiente. Recoja los restos y, después de mezclarlos con otros materiales de desecho, colóquelos en la pila de compostaje o bien utilícelos a modo de acolchado alrededor de los árboles frutales.

Abono Proporcione a los céspedes sin brillo un abono líquido rico en nitrógeno para que ganen color y crezcan con más vigor. En caso de que padezca otros problemas, aplique una mezcla de triple acción que haga las veces de abono y herbicida, y actúe al mismo tiempo contra el musgo.

Riego Riegue de forma periódica si el tiempo es seco, y no dude en reciclar el agua de la cocina y el baño. Si el

▷ **EN VERANO** *es preciso compensar una vez por semana el agua que se ha evaporado del estanque. Si ve a algún pez respirar con dificultad en la superficie del agua, eso quiere decir que falta oxígeno. En ese caso, vierta con la manguera una lluvia de agua fina sobre dicha superficie para oxigenar el agua.*

agua escasea y amenaza sequía, deje que el césped gane cierta altura para que pueda sobrellevar mejor la ausencia de tan preciado recurso.

Bordes Recórtelos después de la siega y cree uno nuevo si el que hay está desgastado o dañado.

Agujereado Con una horquilla, agujeree de forma periódica las zonas más compactas para romperlas.

EL ESTANQUE

Hierba cobertora Retire las ramas alargadas de esta mala hierba que invade los estanques en verano por medio de largas varas que se proyectan hasta el agua.

Nivel del agua A medida que el nivel del estanque mengüe por la acción de la evaporación, introduzca agua por medio de una manguera.

Filtros Límpielos con regularidad de modo que no los acaben obstruyendo las algas. Instale en la tubería que va a parar a la bomba un filtro de rayos ultravioletas con el objeto de matar las algas que contenga el agua.

Poda Corte de forma puntual alguna hoja o tallo de los nenúfares y demás plantas acuáticas más vigorosas para que no acaben asfixiando a las plantas de las inmediaciones. Desflore las plantas situadas junto al estanque y retire cuantas hojas y demás desperdicios caigan al agua.

EL INVERNADERO

Ventilación Abra las puertas y los orificios de aireación cada día, o bien instale un sistema de apertura automático. Aplique otra capa de encalado para atenuar las altas temperaturas del exterior.

Esquejes Continúe tomando esquejes de las hortensias y otras plantas. Coloque en macetas los esquejes que ya hayan enraizado.

Tomateras Retire los vástagos laterales y ate los tallos principales a unos tutores.

RECORTAR LOS SETOS

❖

A la mayoría de los setos les basta una única poda entre mediados y finales del verano, como es el caso de los plantados con hayas, carpes, diversas variedades de espino, así como las coníferas del estilo de la tuya o el ciprés de Lawson. Si se lo programa bien, para el invierno los renuevos habrán modelado un seto de formas nítidas. La poda debe realizarse con tijeras de recortar manuales o bien mecánicas, a excepción del laurel, con el que es mejor ir tallo por tallo con unas podaderas para no dejar hojas maltrechas, que no tardarían en secarse.

Por lo que respecta a los setos de aspecto más formal o escultórico, es preciso recortarlos de forma periódica. En concreto, el boj, el aligustre y *Lonicera nitida* requieren una poda más frecuente desde finales de la primavera en adelante para mantenerlos con una forma determinada. Realice el último recorte a finales del verano de manera que los brotes más tiernos tengan tiempo de madurar y endurecerse antes de la llegada del frío.

Para que el corte sea uniforme y nivelado, extienda un cordel entre dos cañas situadas en cada uno de los extremos del seto y a la altura por donde desee cortar. Si se trata de un seto alto, deje la base algo más ancha que la parte superior

para que reciba mayor cantidad de luz. Extienda una sábana grande junto a la base del seto para recoger los tallos recortados, desmenúcelos y añádalos a la pila del compost.

TAREAS PARA MEDIADOS DEL VERANO

☐ Si, en pleno verano, escasea el agua, dé prioridad a las hortalizas y los frutales de baya, cuyo rendimiento vendrá condicionado por la ausencia o la presencia de tan preciado recurso.

☐ No permita que les falte agua a las plantas en macetas (incluidas las colgantes), y proporcióneles un abono líquido rico en potasio una vez por semana.

☐ Para una mayor comodidad a la hora de regar, instálese un sistema de riego automático que le permita, por medio de un temporizador, regular la hora y la duración de los riegos.

☐ No dé cuartel a las malas hierbas, tanto las anuales como las vivaces. Desherbe los arriates a mano con regularidad y entrecave los espacios libres entre plantas durante los días más secos para crear un acolchado de polvo.

☐ Extienda un acolchado de compost sobre el suelo para impedir la germinación de las malas hierbas anuales. Recurra tan sólo al herbicida cuando los otros métodos alternativos no hayan dado el resultado esperado.

☐ Limpie de áfidos las hojas con la mano o bien rocíe con una solución con jabón.

☐ Corte de vez en cuando ramitas de hierbas aromáticas para secarlas o congelarlas.

☐ Visite los viveros de rosales para ver las nuevas variedades con flor y encargue unas cuantas para otoño.

☐ Eche a la pila de compost, mezclados con los restos de las podas y la siega del césped, los desechos orgánicos procedentes de la cocina y el jardín. Agregue un agente que active la descomposición.

Recoja los tomates a medida que maduren y retire las hojas que queden por debajo de los racimos inferiores para facilitar su aireación. Revise las necesidades de riego cada día, ya que los tomates no toleran un riego discontinuo. Abone una vez por semana.

Pepinos Recoja los frutos de forma periódica. Continúe despuntando los extremos de los vástagos laterales dos hojas por encima de las flores hembra y retire las macho.

Melones Polinice las flores hembra, fácilmente identificables gracias a la

△ **RECOJA LAS BERENJENAS** *tan sólo cuando hayan alcanzado el tamaño adecuado. Cuanto mayor sea la frecuencia de recogida, tanto más numerosas serán las flores.*

protuberancia que tienen en la parte de atrás, pasándoles una brocha untada con polen de las flores macho. Guíe los frutos todavía en pleno proceso de maduración con unas mallas pequeñitas sujetas al marco del invernadero.

35

CONTROL DE PLAGAS BAJO CRISTAL

❖

- Examine las plantas cada semana en busca de indicios de plagas y combátalas de la forma más oportuna tan pronto como las detecte.

- Si detecta la presencia de la mosca blanca, introduzca en el invernadero la avispa parasitaria (*Encarsia formosa*) y detenga el empleo de productos químicos tanto antes como después de haber introducido este depredador tan beneficioso ya que podría matarlo.

- Humedezca el suelo del invernadero por las mañanas o bien pulverice agua sobre las plantas para aumentar el nivel de humedad en el ambiente, pues eso impedirá la proliferación de la araña roja. Si ésta es muy abundante, introduzca el depredador *Phytoseiulus persimilis*.

- Riegue las macetas con sustrato con una solución de nematodos para impedir la proliferación de las larvas del gorgojo de la vid.

Finales del verano

Lo mejor que puede hacer durante este mes es relajarse, aunque son tantas las plantas que ofrecen sus mejores galas y reclaman su atención con sus colores y fragancias... Dése el placer de recorrer el jardín, pero vaya siempre provisto de unas podaderas para retirar las flores marchitas y tomar los mejores esquejes para más adelante.

EL JARDÍN

Bulbos Trasplante los bulbos del cólquico, *Sternbergia*, el azafrán de otoño y la azucena (*Lilium candidum*).

Vivaces Corte los ramilletes de flores marchitas de las plantas vivaces de floración temprana, como la espuela de caballero, la escalera de Jacob, el lupino y *Eremurus*.

Secado de flores En estas fechas, puede recoger las flores y las cabezuelas con semillas de una gran variedad de plantas, como las de la inmortal y *Limonium*, más hermosas que nunca, así como las de la amapola, la arañuela, *Lunaria*, *Moluccella*, los cardos y un gran número de gramíneas. Cuélguelas boca abajo en ramilletes y déjelas secar en una habitación seca y ventilada.

Tutores Algunas plantas vivaces de floración tardía, como los crisantemos y los septiembres, alcanzan una mayor altura y adquieren un porte más compacto en la parte superior a medida que se desarrollan las flores. Compruebe que cada planta cuente con su tutor y añada cuantas cañas y alambres crea conveniente para que no se vengan abajo por un golpe de viento o la lluvia.

Setos Recorte los setos de laurel con unas podaderas pero sin dejar hojas a medias. Corte también los de aligustre, haya, carpe, tejo, boj y acebo. A finales de temporada, realice la única poda anual que toleran la gran mayoría de los setos de coníferas.

Guisantes de olor Desate los tallos de los guisantes de olor formados en abanico que hayan alcanzado el extremo de sus respectivos tutores. Bájelos hasta el suelo y vuelva a atar los extremos a otras cañas de modo que puedan trepar por ellas.

Dalias Recoja las flores con regularidad y continúe atando los tallos a sus tutores; abónelas periódicamente con un abono líquido. Con un frasco vuelto del revés o una caña con un papel arrugado en el extremo, atrape las tijeretas que pueda haber, ya que destrozan las yemas de las flores, en especial las de las dalias. Una vez atrapadas, mátelas.

Camelias En estas fechas, las camelias empiezan a desarrollar las yemas de floración, que darán flor en la siguiente primavera, así que proporcióneles riego abundante. De lo contrario, las yemas podrían secarse.

Rosales Pode los rosales cobertores una vez que se hayan marchitado las rosas.

EL HUERTO
Hortalizas

Cosecha Recoja las hortalizas de forma periódica para que continúen dando fruto, sobre todo los calabacines y las judías. Recolecte las mazorcas de maíz dulce cuando los granos estén lo bastante tiernos y dulces. Coloque las variedades más grandes de calabacín que se vayan a guardar sobre unos ladrillos para que se sequen al sol y la piel se endurezca.

Riego Riegue las hortalizas lo más frecuentemente posible para aumentar su rendimiento, sobre todo las habichuelas y otras leguminosas con vainas. La cosecha de patatas normales será tanto más abundante cuanto mayor sea la frecuencia de riego.

Apio No permita que las raíces del apio se sequen. Riegue, pues, en abundancia, y acolle las variedades con pencas para blanquearlas.

◁ **PARA QUE LOS ARRIATES** *estén llenos de flores, riegue al menos una vez por semana mientras el tiempo sea seco. Incluya con el riego un abono líquido rico en potasio y corte los ramilletes de flores marchitas.*

COMPOST CASERO

❖

Todos los desechos que produce un jardín se pueden reciclar en compost, así como también los restos de hortalizas, frutas, mondas y cáscaras de huevo que se generan en la cocina. En la medida de lo posible, tenga dos pilas de compost, de manera que se puedan añadir los desechos frescos a una mientras la otra se encuentre en pleno proceso de descomposición. Un bidón con tapa da mejores resultados que un arcón con tablones en celosía. Intente mezclar al máximo los materiales de desecho al añadirlos a la pila de compost. Así, por ejemplo, evite poner grandes cantidades de césped segado juntas, ya que formarían una masa demasiado compacta; altérnelas en su lugar con otro tipo de desechos. Desmenuce los materiales más leñosos y gruesos antes de añadirlos, y agregue a las pilas un activador del compost biológico con el fin de acelerar el proceso de compostaje. Si es preciso, riegue con el fin de evitar que el material de desecho quede seco.

△ **CUBRA LOS ARCONES DE** *compost con una tapa o bien con un trozo de polietileno para que la lluvia no encharque el interior, al tiempo que se conserve el calor generado durante el proceso de compostaje.*

PODA DE FRUTALES

- Complete la poda estival de los manzanos cortando todos los vástagos laterales.

- Retire de los frambuesos todos los tallos viejos que ya hayan dado fruto cortándolos desde la misma base. Guíe y espacie los tallos de nuevo desarrollo, que son los que darán fruto en el próximo verano.

- Realice la poda anual de los groselleros negros maduros. Para ello, elimine una cuarta parte de los tallos más viejos de forma que los nuevos tengan espacio suficiente.

- Pode los vástagos de los melocotoneros y nectarinos que hayan dado fruto. Guíe los nuevos por sus tutores respectivos y corte cualquier lateral que se desarrolle.

△ **AL PODAR LOS GROSELLEROS** *espinosos, acorte todos los vástagos laterales hasta dejarlos con cinco hojas. Asimismo, retire todos los tallos que estén afectados por el mildiu.*

Tomateras Despunte los extremos de los tallos de las tomateras, ya que las flores que pudieran aparecer ahora no se convertirían en tomates maduros hasta antes del otoño.

Blanqueado Cubra unos cuantos ejemplares de escarola con platos para blanquear las hojas.

Siembra Siembre en el exterior o bien en cajoneras las variedades resistentes de lechuga de invierno, así como la espinaca de invierno. Para disfrutar de nabos tiernos, siembre unos pocos en estas fechas.

Peticiones Solicite a su proveedor los estuches de cebollas y ajos para plantarlos en otoño.

Frutales

Fresales Limpie el suelo donde se encuentran los fresales. Para ello, corte los estolones que no interesen y recorte con unas tijeras el follaje hasta la misma corona. Trasplante los estolones ya enraizados en macetas o bien plante nuevos bancales con ejemplares perfectamente sanos procedentes de un vivero especializado.

Árboles frutales Riegue los manzanos, los perales y el resto de los frutales para que ganen tamaño. Recoja las manzanas de maduración temprana, como las de las variedades «Redsleeves», «Discovery», «Epicure» y «George Cave», que se pueden comer directamente del árbol.

Pájaros Cubra con una red los cerezos así como los frambuesos y las zarzamoras que fructifiquen en otoño, o bien cuelgue de las ramas algún tipo de espantapájaros.

Ciruelos Cuando haya recogido las ciruelas, pode los vástagos laterales hasta dejarlos con tres hojas y corte las ramas secas. No pode aquellos vástagos sobre los que se vaya a basar la estructura del árbol.

EL CÉSPED

Siega Siegue de forma periódica para que el césped tenga buen aspecto y recorte los bordes una vez por semana.

Agujereado Pase por el césped un perforador de dientes hondos y barra a continuación los restos de tierra que hayan quedado en la superficie. Rellene los agujeros con arena o sustrato con arena.

Retoques Retoque los bordes del césped más desgastados así como las zonas más peladas. Aplique un herbicida de forma muy localizada allí donde haya malas hierbas, o bien arránquelas a mano.

Césped nuevo Prepare las zonas donde vaya a sembrar césped o colocar tepes a principios del otoño.

◁ **ESPERE A RECOGER** *las ciruelas, las ciruelas claudias y las ciruelas damascenas a que estén maduras para que así conserven todo su sabor. Cuelgue de las ramas espantapájaros e intente mantener alejadas a las avispas.*

△ **HUMEDEZCA EL SUELO** *del invernadero para aumentar el nivel de humedad en el ambiente, lo que ayuda a suavizar la temperatura del interior así como a impedir la proliferación de la araña roja.*

EL INVERNADERO

Riego Tenga bien regadas las hortalizas que estén en macetas y sacos de turba, como las tomateras, los pepinos y los pimientos. No permita que el substrato llegue a secarse y abone una vez por semana.

Temperatura Ventile el interior cada día para suavizar la temperatura. Para ello, abra la puerta además de los orificios de aireación del techo y los costados. Cierre durante las noches más frescas.

Propagación Tome esquejes de las vivaces delicadas, como las fucsias, los geranios y los cóleos, para obtener ejemplares bien asentados que sobrevivan al invierno. Coloque en macetas los esquejes enraizados.

Ciclámenes Siémbrelos para cultivarlos en macetas como ejemplares de flor para interior. A finales del verano, riegue los ejemplares que estén en reposo para que vuelvan a crecer.

Gloxíneas Una vez finalizada la floración, reduzca la frecuencia de riego. Cuando el follaje se haya secado, arránquelas y guarde los tubérculos para el invierno.

Jacintos Plante los bulbos en cuencos (uno por cada variedad distinta) e intente que florezcan al unísono.

Bulbos Plante ejemplares de *Freesia*, *Lachenalia* y narcisos de interior, como «Paperwhite».

TAREAS PARA FINALES DEL VERANO

❏ Recoja las semillas de un gran número de plantas de flor. Algunas se pueden guardar para sembrarlas más adelante, mientras que otras, como las de la dedalera y la aguileña, se pueden sembrar recién recogidas en los huecos libres de entre los arriates.

❏ Plante en macetas unas cuantas matas de perejil y cebollino. Corte las hojas para tener ramitas tiernas en invierno.

❏ Riegue las macetas con *Nerine* para estimular el crecimiento y la floración en otoño.

❏ Desflore periódicamente las flores marchitas de las plantas cultivadas en macetas colgantes y macetones.

❏ Solicite que le envíen los bulbos de floración primaveral para plantarlos en otoño.

❏ Arranque las hierbas aromáticas para secarlas, cocinarlas o congelarlas.

❏ Siembre en macetas anuales de flor resistentes para que florezcan a principios del año siguiente.

❏ Elimine los chupones que crezcan directamente de las raíces de los rosales, así como de cualquier otro árbol frutal o decorativo.

❏ Pode las matas de lavanda si no lo hizo durante la estación anterior.

❏ Ate los tallos de los crisantemos de floración tardía a sus respectivos tutores.

❏ Tome esquejes de hoja de la violeta africana, *Streptocarpus*, *Begonia rex* y otras plantas de follaje en macetas.

❏ Despunte los extremos apicales de los alhelíes para que se ramifiquen.

❏ Corte los extremos de los tallos de las patatas ante el menor indicio de roya.

39

Principios del otoño

Tras el paréntesis estival, pasamos a una nueva estación en la que el jardín exige no poca dedicación. No hay tiempo para aburrirse, ya que al tiempo que se acaban de recoger las cosechas y las plantas de la estación recién terminada, se preparan las de la siguiente. Ya se pueden plantar los primeros bulbos para que florezcan en la próxima primavera.

△ **PARA TENER UNA** *maceta repleta de flores, plante dos capas de bulbos, una encima de la otra. Si la maceta fuera más grande, se podría añadir una tercera, justo por debajo del nivel del sustrato.*

EL JARDÍN

Vivaces delicadas Arranque las plantas de los macizos estivales de temporada, retire las hojas y las flores marchitas, y colóquelas en macetas, que deberá pasar al invernadero o al interior de casa durante el invierno.

Guisantes de olor Siémbrelos en otoño en macetas y traslade las plantitas a una cajonera fría para que pasen en ella el invierno hasta trasplantarlos en primavera. Estos ejemplares darán flor antes que los que se siembren en primavera en el exterior.

Cambiar de sitio las plantas arbustivas Ahora es el momento perfecto para trasplantar a un emplazamiento más adecuado los arbustos demasiado crecidos o mal ubicados. Prepare el terreno elegido mezclando compost con la tierra hasta una buena profundidad. Los arbustos más grandes podrían perder bastantes raíces durante el traslado, así que pode algunos de los tallos más viejos para que no mueran.

Rosales Termine de podar todos los vástagos de los rosales trepadores y cobertores que hayan dado flor tan pronto como éstas se marchiten. Elimine los chupones de alrededor de los rosales con formación en tallo bajo, así como todos aquellos que broten de los tallos de los ejemplares en arbolito.

Poda de plantas vivaces Corte los tallos que se hayan secado o con flores marchitas de las plantas vivaces de los arriates de forma que queden limpias, pero deje tanto follaje como sea posible. Recoja, limpie y guarde todos los tutores que ya no necesite más.

Dalias Ate los tallos altos con flor a sus respectivos tutores para que no se rompan con un golpe de viento. Confeccione ramos con las flores.

Anuales resistentes En regiones de clima templado, las anuales resistentes se pueden sembrar en el exterior durante estas fechas en vez de esperar hasta la primavera. Siémbrelas allí donde desee que florezcan. Entre las variedades disponibles destacan la caléndula, la arañuela, *Godetia*, *Eschscholzia*, la espuela de caballero, el carraspique, la variedad anual de *Alyssum*, la amapola, la escabiosa y *Limnanthes*.

Anémonas Plante tubérculos de anémonas «De Caen» y «Saint Brigid» a intervalos para alargar la temporada de floración durante la próxima primavera.

Lirios holandeses Para empalmar con los bulbos primaverales, plante series de lirios holandeses en emplazamientos soleados a una profundidad de 7,5 cm y con 15 cm de separación. Florecen a principios del verano.

Plantas nuevas Éste es un momento perfecto para plantar variedades arbustivas perennifolias, coníferas y especies para setos, como el laurel. Un suelo cálido

▽ **INCLUSO LOS RODODENDROS** *más grandes son fáciles de mover ya que poseen unas raíces poco profundas. Si dispone de tiempo, prepare la planta con un año de antelación para estimular el crecimiento de un gran número de raíces nuevas y fibrosas intercalando una zanja con sustrato fértil.*

△ SI SE DESFLORAN *de forma periódica, las dalias continuarán dando flores hasta la primera helada. Cuando las hojas se vuelvan blancas por la acción del frío, arranque los tubérculos, límpielos y guárdelos hasta la primavera.*

MACIZOS PRIMAVERALES

❖

Las zonas que hasta ahora han ocupado las plantas estivales de temporada pueden plantarse con variedades de primavera, que deberían trasplantarse a su emplazamiento definitivo tan pronto como haya espacio disponible. De hecho, arranque todas las plantas que queden de la estación anterior y trocéelas para añadirlas a la pila de compostaje. Al plantar las variedades de temporada con antelación, éstas pueden asentarse, desarrollar raíces y adquirir un porte arbustivo antes de que entre el invierno. Es preferible basar los macizos primaverales en una misma gama cromática y plantar variedades que tengan un período de floración prolongado, como los alhelíes, los pensamientos, los claveles de poeta, las primaveras, los nomeolvides y otras tantas. Para incorporar un segundo esquema cromático y alargar a un mismo tiempo la temporada de floración, plante tulipanes entre medio de las otras plantas y juegue con sus colores.

---

estimulará el crecimiento de las raíces y el asentamiento de la planta antes del invierno.

Claveles Los vástagos laterales que se acodaron en el suelo en verano tendrían que haber enraizado ya, por lo que en principio deberían poderse separar de la madre y plantarse en un nuevo emplazamiento. Otra opción consiste en plantarlos en macetas de 10 cm, trasladarlos a una cajonera durante el invierno y plantarlos en arriates en primavera.

EL HUERTO
Hortalizas
Cebollas Arranque las cebollas con una horca de manera que se separen los bulbos y déjelos en la superficie durante un día para que se sequen antes de recogerlas. Téngalas en el invernadero hasta que se sequen del todo antes de limpiarlas y guardarlas en el garaje o el cobertizo.

Riego Continúe regando las hortalizas de exterior, como las tomateras, las judías y los pepinos para que den más fruto y maduren las vainas.

Coles de primavera Trasplántelas de modo que queden poco espaciadas entre sí y, desde principios de la primavera, coseche una de cada dos coles de manera que las que queden dispongan de más espacio. Plántelas en hileras poco profundas, para así poder acollar los tallos a modo de tutorado a medida que crezcan.

Lechugas Siembre las variedades resistentes de invierno bajo campanas o en los costados del invernadero.

Apio Envuelva las pencas de los apios con cartón o papel de periódico y, después, acóllelos para blanquearlos y cortarlos a finales del otoño.

COMPRAR Y PLANTAR BULBOS

❖

Por estas fechas se puede plantar una enorme variedad de bulbos de floración primaveral, como el azafrán, el jacinto, el nazareno, el lirio o el narciso. La mayoría se planta directamente en los parterres donde se desee que florezcan. Para dotar de interés los macetones del patio en primavera, plante bulbos en ellos; haga lo mismo en macetas y otros recipientes para interior, sobre todo con las variedades más aromáticas. Seleccione únicamente bulbos sanos, sin síntomas de podredumbre ni moho alguno, y que estén duros. Los bulbos se clasifican según su tamaño, y los más grandes son más caros, pero también dan flores más bonitas. Como regla general, plante los bulbos de modo que queden como mínimo dos veces por debajo de su tamaño. Los centros de jardinería suelen tener un abanico bastante limitado de bulbos, no así las empresas que los distribuyen por correo.

MACETAS

❖

Una vez que las plantas que ocupaban macetas, macetones y jardineras hayan pasado a mejor vida, reutilice y saque partido de dichos recipientes plantando variedades arbustivas resistentes junto con unas cuantas plantas de temporada y bulbos enanos de floración invernal y primaveral. Entre las plantas arbustivas más adecuadas destacan los brezos de floración invernal, las variedades variegadas de *Euonymus*, *Gaultheria* y las coníferas enanas. Cubra los bordes con hiedras, que se pueden fijar a los lados de las macetas para obtener una mayor cobertura. Plante bastantes ejemplares para que ofrezcan desde el principio un aspecto bien asentado, riegue bien y revise las plantas al menos dos veces por semana. En invierno, no abone cada semana las plantas en macetas, pero si se les proporciona un abono líquido de forma esporádica entre finales del invierno y principios de la primavera rebrotarán con fuerza. Coloque ladrillos bajo los macetones para facilitar el drenaje.

▷ **CUANDO LAS HOJAS** *de la cebolla se inclinan hacia el suelo, es señal inequívoca de que ha llegado el momento de la cosecha. Saque con cuidado cada uno de los bulbos con la horca para romper sus raíces y déjelos a continuación en el suelo para que se sequen y maduren al sol.*

Nabos Realice ahora una siembra para cosechar los tallos verdes más adelante.

Patatas Rocíe en dosis regulares con un fungicida el follaje de las variedades normales para impedir que contraigan la roya. Si, no obstante, ésta hace acto de presencia, corte el follaje infectado de manera que no llegue a los tubérculos. Prosiga recogiendo las variedades tempranas a medida que las necesite.

Tomateras Retire los tomates, tanto los maduros como los que no lo estén, antes de que vengan las primeras heladas o contraigan la roya. Otra opción es arrancar la mata entera y colgarla en el invernadero hasta que terminen de madurar los tomates verdes.

Hortalizas de raíz Arranque con cuidado las zanahorias y las remolachas antes de que las lluvias otoñales estropeen la cosecha. Corte el follaje y almacene las raíces sanas en cajas rellenas de arena casi seca o compost. Téngalas así durante varios meses en un sitio a salvo de las heladas.

Escarola Cubra cada semana unos cuantos ejemplares con platos para blanquear las hojas y poderlas consumir. El proceso completo de blanqueado lleva unas dos semanas. Se pueden utilizar también macetas puestas boca abajo, pero cubra los agujeros para que no pase la luz. Tome las

◁ **UN BOJ CON FORMA** *de espiral constituye un foco de interés durante todo el año. Comparado con el aligustre, el boj es de crecimiento lento, así que con uno o dos recortes durante la estación de crecimiento ya es suficiente. Mantenga las espirales paralelas entre sí, como si se tratase de un tobogán con vida propia.*

precauciones necesarias contra las babosas y los caracoles.

Puerros Prosiga con el blanqueado de los puerros, cubriendo para ello los tallos con unos tubos de cartón o trozos de cañería. Para garantizar un correcto blanqueado de los puerros, es preciso impedir el paso de la luz por la base de los tallos.

Cosecha Recoja las hortalizas que ya estén maduras, como los calabacines, las habichuelas, los pepinos, las espinacas, el maíz dulce, los rábanos, la remolacha y las hortalizas para ensalada. En las regiones más frías es preciso completar la cosecha antes de que finalice la estación.

Frutales

Fresales Los estolones plantados en macetas que hayan enraizado bien se pueden trasplantar a bancales nuevos. Compre todos los ejemplares que precise, pero con su correspondiente garantía. Aclare los bancales de fresales retirando los estolones que sobren, así como cavando entre las hileras para eliminar las malas hierbas.

Melocotoneros Continúe con la poda hasta eliminar todos los vástagos que hayan dado fruto. Ate entonces los renuevos que vayan a reemplazarlos.

Manzanos Recoja las manzanas de las variedades de maduración temprana, como «Discovery», «Beauty of Bath» y «Blenheim Orange», y consúmalas cuando estén tiernas y en su punto. Estas variedades de maduración temprana no se conservan bien, así que no las guarde largo tiempo.

Frambuesos Pode todos los tallos viejos de cada una de las variedades de frambueso, incluido el norteamericano, desde la base. Ate los tallos nuevos que se hayan desarrollado durante este año dejando entre ellos un espacio similar. No darán fruto hasta el próximo verano.

Frutales nuevos Encargue los ejemplares nuevos de frutales que vaya a plantar a finales del otoño y durante el invierno.

Cerezos Corte los tallos leñosos secos de los ejemplares formados en abanico y pode asimismo todos los vástagos laterales que ya acortara el verano anterior hasta dejarlos con tres yemas. A medida que crezcan, átelos a sus cañas respectivas.

Grosselleros espinosos nuevos

Propague nuevos ejemplares a partir de esquejes de tallo leñoso tomados de ejemplares sanos, antes de que se les caigan las hojas. Tome los tallos que se han desarrollado a lo largo de la presente temporada y retire el extremo más tierno, de modo que quede un esqueje de unos 25 cm. Retire además todas las yemas, a excepción de las tres o cuatro de arriba, para que el arbusto resultante tenga una copa de ramas sobre un tallo desnudo. Cubra la zona donde se vayan a plantar con polietileno negro y clave los esquejes a través de éste hundiéndolos hasta la mitad. Otra opción es introducir los esquejes en una regata en el suelo con piedrecillas en la base y apisonar bien luego con el pie.

EL CÉSPED

Siembra de un césped nuevo El otoño es una época ideal para sembrar un césped nuevo en un terreno que se haya preparado durante la estación anterior. Compruebe que esté firme del todo y deje que se asiente antes de apisonarlo. Siembre de forma regular, delimitando bien la zona que se vaya a sembrar, y esparza las semillas en ambas direcciones. Acto seguido, pase el rastrillo. Si no llueve, riegue el terreno y asegúrese de que permanezca siempre húmedo hasta que haya germinado del todo, esto es, al cabo de dos o tres semanas. Válgase de redes o espantapájaros para mantener bien alejados a los pájaros y evite en lo posible pisar el césped recién sembrado. Recórtelo muy por encima, con las cuchillas de la segadora bien altas, cuando haya alcanzado los 4 o 5 cm de altura.

Siembra de refuerzo Vuelva a sembrar aquellas zonas que hayan quedado demasiado claras y pobres con una mezcla adecuada de semillas. Tras cortar el césped, pase el rastrillo para retirar los restos y esparza las semillas, barriendo a continuación la superficie sembrada. Si ésta es pequeña, cúbrala con una capa fina de compost.

Mantenimiento Siegue de forma periódica, y rastrille los restos de hierba seca y demás desechos que se hayan acumulado durante todo el verano.

Abonado Proporcione al césped un abono especial para esta época de modo que cobre fuerzas para el invierno. Asegúrese de que no se trate de un abono para primavera, totalmente inadecuado a estas alturas del año.

COLOCACIÓN DE TEPES

1 *Después de remover el suelo hasta una buena profundidad, esparza el fertilizante en dosis regulares y rastrille bien hasta dejar el suelo totalmente nivelado y sin piedras ni restos de raíces.*

2 *Apisone el terreno con los pies dejando caer todo el peso del cuerpo sobre los talones. Un rodillo, en cambio, tan sólo alisaría las protuberancias del terreno sin destruir las bolsas de aire.*

3 *Para que no queden huellas de los pies en el terreno ya preparado, trabaje desde un tablón de madera bien largo. Empiece desde un extremo y avance a lo largo de esa misma zona. Desenrolle los tepes y colóquelos uno al lado del otro, dejando que los bordes se solapen un poco.*

4 *Apisone la primera hilera de tepes con el anverso de un rastrillo. Desplace un tanto el tablón y coloque la segunda hilera de tepes como si se tratase de un muro de ladrillos, esto es, colocándolos de tal manera que los extremos de dos tepes adyacentes no coincidan entre sí. Una vez esté asentado el césped, riegue con regularidad.*

43

▷ **VUELVA A PLANTAR** *los bulbos que se habían recogido la primavera anterior para hacer sitio a las plantas de temporada estivales. Se pueden plantar tanto en macetas como en arriates.*

EL ESTANQUE

División de plantas Arranque y divida las plantas de los márgenes más grandes, o bien las que crezcan en las orillas. Córtelas o estire de ellas, pero compruebe que cada fragmento contenga un trozo de raíz y de tallo.

Primaveras Trasplante los ejemplares resistentes de primaveras cultivadas a partir de semilla o de división.

Red Cubra la superficie del estanque con una red para que no caigan al agua hojas secas.

EL INVERNADERO

Ciclámenes Riegue con moderación los ejemplares cultivados en macetas que permanecían en reposo desde el verano con el fin de estimular de nuevo su crecimiento. Despunte las primeras flores para que más adelante haya más.

Freesia Plante en macetas diversos bulbos de *Freesia* para confeccionar arreglos florales o ramos.

Lachenalia Por estas fechas los bulbos ya se pueden plantar en macetas. Cambie de maceta los que daten del año anterior y póngalos con sustrato nuevo.

Esquejes Ésta es la última oportunidad de tomar esquejes de geranios y fucsias, y plantarlos en macetitas para que pasen todo el invierno. Continúe tomando esquejes de alegrías, cóleo, tradescantia, heliotropo, violeta africana, begonia y demás plantas.

Anuales resistentes Siembre en macetas variedades anuales resistentes, como la caléndula y la zinnia, para aportar un toque de color al invernadero frío o al porche.

Limpieza Cuando las hortalizas cultivadas en macetas y sacos de turba hayan pasado a mejor vida, termine de recoger cuanto quede de aprovechable todavía, corte las matas y añádalas a la pila del compost.

Cristales Retire el encalado que recubre los cristales y limpie éstos tanto por dentro como por fuera para eliminar toda la suciedad y las plantas parasitarias que se hayan acumulado de modo que entre el máximo de luz posible durante el invierno.

Calefacción Compruebe que los dispositivos de calefacción del invernadero funcionen con toda normalidad y guarde unas cuantas botellas de gas o parafina de reserva.

Bulbos en macetas Plante en macetas o cuencos varios bulbos de floración temprana, como el mismo jacinto tratado.

◁ **PARA TOMAR** *un esqueje de tallo leñoso, corte un tallo tierno a 10 cm del extremo, justo por debajo de una yema foliar, y quite las hojas de la mitad inferior así como todas las flores y brotes que haya. Aplique hormonas de enraizamiento en el extremo por donde se ha cortado y hunda cada uno de los esquejes en una maceta con sustrato para siembra. Por último, riegue.*

Utilice fibra para bulbos o sustrato para siembra, y plántelos de modo que las puntas queden a ras de la superficie. Una vez regados, trasládelos a un lugar templado y resguardado para que enraicen. Llévelos al interior tan sólo cuando los tallos hayan alcanzado entre 5 y 7,5 cm de alto.

Begonias Reduzca la frecuencia de riego y deje que los extremos de los tallos de las begonias y gloxíneas se sequen.

Achimenes Coloque a su lado macetas rellenas con agua caliente de manera que el follaje se marchite y el sustrato se seque. Los rizomas pueden dejarse en este último durante el invierno, o bien se pueden arrancar, limpiar y guardar en sobres.

Riego A medida que las noches se tornen más frías y las plantas aminoren su crecimiento, reduzca también los riegos, tanto en frecuencia como en cantidad de agua empleada. Deje que el sustrato se seque casi del todo entre riego y riego, y coloque las macetas del invernadero sobre los tableros en vez de las alfombrillas húmedas.

Crisantemos Traslade las variedades de floración tardía cultivadas en macetas al invernadero, en caso de que las yemas de floración se vean afectadas por las heladas.

Macetas Termine de pasar a macetas las plantas y esquejes correspondientes a principios del otoño de modo que tengan tiempo de asentarse antes del invierno.

Reducción del consumo de calefacción en el invernadero

Aislamiento Refuerce la cara interior del invernadero con una capa de polietileno de burbujas para evitar la pérdida de calor. Asimismo, coloque una cortina de polietileno en la puerta de entrada para reducir las corrientes de aire. Recubra la cara interior de las paredes que den al norte (en el hemisferio norte, y viceversa) con poliestireno blanco, sobre todo bajo los tableros.

Evitar las corrientes Arregle las puertas y orificios de aireación que no cierren bien. De estos últimos, selle los que queden más bajos con polietileno transparente para que no entre aire frío.

Cristales rotos Reemplace los paneles rotos, que no sólo permiten la entrada de aire frío, sino que además resultan peligrosos.

Estufas adicionales Coloque bajo los tableros del invernadero varios cubos con agua a modo de estufas adicionales (el agua se calienta de día y suelta el calor de noche). Además, se puede utilizar para regar las plantas.

Calefactores En lugar de instalar un sistema de calefacción para todo el invernadero, decántese por los calefactores eléctricos individuales, que se colocan junto a las plantas y recubiertos de una tienda de campaña de polietileno de burbujas.

HOJAS SECAS

❖

Todas las hojas secas que trae consigo el otoño se pueden recoger y compostar para utilizarse como acolchado o enriquecedor del suelo, o bien mezclarse con compost para macetas. Los aspiradores para jardín resultan de gran utilidad a la hora de recoger las hojas, y algunos modelos incluso las trituran, facilitando así su descomposición. En el caso del césped, utilice una segadora giratoria con las cuchillas bien altas para recoger y triturar las hojas secas. En pequeñas cantidades se pueden mezclar con otros desechos de jardín y añadir a la pila del compost, pero si se trata de una cantidad considerable de hojas, lo mejor es depositarlas en unos bidones especiales o en bolsas de plástico negro atadas y con unos cuantos agujeros en los costados. Añada un agente activador al compost de hojas para acelerar la descomposición, que llevará entre seis y doce meses, según el tipo de hojas de que se trate.

TAREAS PARA PRINCIPIOS DEL OTOÑO

❑ Corte las plantas vivaces de los arriates ahora que ya han perdido su interés.

❑ Recoja, limpie y guarde las cañas y el resto de los tutores.

❑ Desentierre y añada al compost las plantas de temporada estivales.

❑ Prepárese para cubrir con una red el estanque para que no caigan en él hojas secas.

❑ Corte todas las plantas a orillas del estanque que se estén secando.

❑ Plante en macetas y macetones los bulbos de floración primaveral.

❑ Desentierre los bulbos y tubérculos de las variedades no resistentes y guárdelos en un lugar seco y protegido de las heladas durante el invierno. Envuélvalos con compost seco para aislarlos y evitar que se deshidraten.

❑ Arranque con cuidado los bulbos de los gladiolos y guárdelos separados por variedades. Corte las hojas hasta dejarlas a 2,5 cm del bulbo, límpielos de cualquier resto de tierra y recoja los bulbos más pequeños para guardarlos por separado en sobres.

❑ Arranque y seque los tubérculos de las begonias así como los bulbos de las cannas y *Eucomis*, y proceda como con los gladiolos.

❑ Plante las azucenas tan pronto como disponga de los bulbos.

◁ **UNA BUENA MANERA** *de crear su propio vivero es recoger las semillas de las plantas del jardín. Además, esto le permitirá intercambiar plantas con los amigos.*

45

Mediados del otoño

*En otoño, los auténticos protagonistas del jardín son los colores,
que cambian prácticamente de un día para el otro a medida que
el follaje de las plantas arbustivas y los árboles caducifolios
despliegan sus mejores galas antes de caer. Durante este tiempo,
en el que hay que finalizar la plantación de especies de bulbo
y ya se vislumbra el final de la estación, con todo lo que ello implica,
tampoco hay tiempo para aburrirse en el jardín.*

△ **PARA PROPAGAR**
*bulbos de azafrán en un
césped, levante un tepe,
esparza los bulbos y
plántelos tal como
caigan. A continuación,
vuelva a colocar el tepe
en su sitio, sobre los
bulbos.*

EL JARDÍN

Guisantes de olor Siémbrelos en macetas
hondas colocadas en cajoneras frías. Siembre
varios ejemplares por maceta y, más
adelante, escoja tan sólo el más robusto
o déjelos para cultivarlos en grupos.

Tulipanes Plante ahora los bulbos a una
profundidad de entre 15 y 20 cm en su
emplazamiento definitivo.

Plantas de temporada primaverales
Plante alhelíes, nomeolvides, primaveras,
mayas, pensamientos y otras plantas de
temporada para que florezcan en primavera.
La mayoría se puede plantar intercalando
bulbos de floración primaveral de modo que
crezcan juntos.

Plantación Es una buena época para plantar
arbustos, coníferas y setos, ya que el suelo
conserva todavía algo de calor, con lo que las

raíces crecerán lo suficiente como para que
las plantas se asienten antes de la llegada del
invierno.

Dalias Arranque los tubérculos tan pronto
como las heladas empiecen a blanquear el
follaje. Limpie el terreno, corte los tallos y
colóquelos boca abajo para que suelten el
agua. Por último, etiquételos y almacénelos
en cajas con compost.

Rosales trepadores Complete la poda lo
antes posible. Para ello, retire todos los tallos
viejos.

EL HUERTO
Hortalizas

Cosecha Termine de recoger los calabacines
que hayan madurado y guárdelos en el
interior mientras dure el invierno. Recoja
también las tomateras que queden, así
como las demás hortalizas delicadas.
Desentierre las patatas, límpielas y
guárdelas dentro de bolsas de papel
en un lugar a salvo de las heladas. Arranque
también las zanahorias y las remolachas,
y almacénelas en cajas con compost.

Guisantes Siembre una hilera de variedades
resistentes y cúbrala con un túnel. Las habas
también se pueden sembrar ahora.

Coles de Bruselas Arranque las hojas que
amarilleen y coseche cuando las coles estén
lo bastante grandes.

◁ **LOS BULBOS** *de floración tardía, como Nerine
bowdenii, pueden cultivarse tanto en el interior de
casa, en un lugar soleado y cálido, como en macetas
con un sustrato que drene bien.*

ARRIATES CON FLORES

❖

- Corte todos los tallos con flores marchitas de las vivaces herbáceas y limpie los arriates para retirar el follaje y las plantas que queden; añada todo este material a la pila del compost. Deje tan sólo las vivaces de floración tardía.

- Divida las hierbas aromáticas y las masificadas, como la bergamota y *Alchemilla vulgaris*, desde mediados a finales del otoño, o bien déjelo para la primavera.

- Recoja las cañas y demás tutores, y guárdelos hasta que pase el invierno.

- Entrecave la zona que media entre las plantas de un mismo arriate para romper la superficie. Retire las malas hierbas y extienda una capa de compost bien fermentado.

◁ **PARA QUE LOS ARRIATES** *ofrezcan un aspecto inmejorable, incluya una selección de ásters para que aporten un toque de color tardío. Si bien la época de las hortensias ya ha pasado, las inflorescencias cambian de color con las estaciones: córtelas y utilícelas para confeccionar arreglos florales.*

Apios Termine de acollar el apio de pencas para que éstas se blanqueen.

Esparragueras Corte todos los vástagos con hojas de helecho por el nivel del suelo.

Coliflores Cubra la cabeza con las hojas de fuera para que no pierda color.

Alcachofas Complete la cosecha antes de cortar los extremos superiores.

Patacas Corte las patacas a unos 30 cm del nivel del suelo una vez que las hojas hayan adquirido una tonalidad marrón y desentierre los tubérculos a medida que los necesite. Aplique un acolchado en invierno.

Ajos Plante de uno en uno los dientes de una variedad resistente durante el otoño, dejando una separación de 15 cm entre ejemplares. Elija un lugar abierto, soleado y que drene bien.

Hierbas aromáticas Coloque en macetas el perejil, el cebollino y otras hierbas aromáticas para consumirlas en invierno. Téngalas en un alféizar bien soleado. Plante unas cuantas raíces de menta en unas bandejas poco profundas y colóquelas en un invernadero cálido para estimular el crecimiento de tallos tiernos y así contar con una buena provisión para los meses venideros.

Suelo Retire las hortalizas viejas, limpie el terreno y aplique compost o estiércol. Deje la superficie bien removida de modo que el hielo pueda penetrar en el suelo y romperlo.

Frutales

Cerezos Pode los tallos de «Morello» que hayan dado fruto.

Esquejes Tome esquejes de tallo leñoso a partir de las matas sanas de los groselleros espinosos y otras

variedades de grosellero, utilizando para ello tallos del presente año.

Zarzamoras Pode a nivel del suelo todos los tallos que hayan dado moras y reemplácelos por los nuevos de este año.

Groselleros negros Pode los ejemplares viejos, retirando aproximadamente una cuarta parte del total de las ramas viejas.

Fresales Limpie los arriates cultivados con fresales. Para ello, retire las malas hierbas así como todos los estolones que crezcan entre las hileras.

Recolección y almacenaje Prosiga con la recogida de manzanas y peras a medida que éstas maduren. Consuma de inmediato los ejemplares «tocados», y guarde tan sólo los que estén sanos. Dé un vistazo a la fruta almacenada por si hubiera alguna que se estuviera estropeando.

Anillos con grasa Coloque alrededor de los troncos de los manzanos, ciruelos y cerezos unos anillos empapados con grasa para atrapar a la polilla cuando trepe para depositar los huevos.

EL CÉSPED

Hojas secas Recoja las hojas secas tan pronto como caigan sobre el césped. Si están húmedas, pueden ahogar y por tanto decolorar el césped, así que aspírelas o rastríllelas con regularidad.

Rastrillado Rastrille y escarifique el césped con un rastrillo a motor para eliminar todos los restos que se hayan acumulado.

Agujereado Pase un perforador de púas largas para mejorar el drenaje del césped y dejar sueltas las zonas más compactas del mismo. Recoja los restos de tierra que se hayan formado y rellene los agujeros con arena fina o gravilla para que actúen como canales de drenaje.

Recebado Extienda sobre el césped una capa de sustrato arenoso con base de limo a modo de abono de superficie. La capa, que debe ser muy fina, contribuirá a mejorar la superficie del suelo.

Retoques Rellene las depresiones del terreno con finas capas sucesivas de sustrato a lo largo de los meses. Repare también los bordes más desgastados.

△ **AGARRE CON DELICADEZA** *las peras y gírelas poco a poco a medida que tire de ellas. Los ejemplares maduros se quedan en la mano sin problemas. Si no está seguro, deje que maduren un poco más.*

▷ **RECOJA CON CUIDADO** *las manzanas que vaya a guardar para consumir en invierno. Envuélvalas una a una en papel y colóquelas en una bandeja situada en un lugar fresco y ventilado, pero a resguardo de las heladas.*

EL INVERNADERO

Riego Reduzca en estas fechas la frecuencia de riego de acuerdo con las necesidades de cada planta. Es mucho mejor regar las macetas una a una con un plato en la base que con un sistema de autorriego o con alfombrillas capilares. Mantenga el ambiente lo más seco posible.

Protección Lleve al invernadero las macetas con bulbos y vivaces delicadas hasta que pase el invierno. Las azucenas, *Eucomis* y otras muchas plantas de bulbo descansan del todo, así que no es preciso regarlas en invierno.

Esquejes Ésta es la última oportunidad para tomar esquejes de cóleo, *Penstemon* y otras vivaces.

Crisantemos Coloque bajo cristal las variedades de floración tardía en macetas antes de que lleguen las heladas. Ventile bien el invernadero y revise cada día las necesidades de riego.

Begonias Deje de regar las begonias, las gloxíneas y *Achimenes* con tubérculos para que se sequen las hojas.

Fucsias Reduzca la frecuencia de riego en invierno, pero no permita que el sustrato se seque del todo. Coloque una funda de cañería alrededor de los tallos de los ejemplares en arbolito a modo de aislante.

Hortalizas viejas Retire las hortalizas viejas así como las variedades cultivadas en sacos de turba una vez que decaiga la cosecha.

Plantas jóvenes Termine de plantar en macetas los esquejes enraizados y los planteles. Despunte los extremos de *Schizanthus* y otras plantas similares para estimular un crecimiento denso y ramificado.

Calefacción Dispóngase a limpiar los cristales y fijar en ellos una capa aislante de burbujas. Compruebe que el sistema de calefacción funciona correctamente.

EL ESTANQUE

Plantas de los márgenes Corte las plantas que estén en los márgenes del estanque así como las vivaces de suelo cenagoso ya que en invierno se les caen las hojas.

Red Cubra la superficie del estanque con una red de agujero pequeño para que las hojas secas no caigan en el agua. Fíjela en la orilla de modo que quede bien tensa. Si el

△ **LOS FORROS** *de polietileno con burbujas se fijan en la cara interior del invernadero y constituyen un práctico doble aislante que impide la pérdida de calor y el paso de corrientes de aire, al tiempo que contribuye a reducir el recibo de la electricidad en invierno.*

estanque es pequeño y formal, instale un marco recubierto con una red que cubra toda la superficie y retírelo una vez hayan caído todas las hojas secas.

Preparativos para el invierno Retire las bombas y los filtros de las fuentes y cascadas de agua, y límpielas bien antes de guardarlas.

Calefacción Instale un calefactor flotante en los estanques que contengan peces, sobre todo en los de cemento, para que no se forme hielo en la superficie, que podría agrietar las paredes y atrapar en el interior gases nocivos.

PREPARATIVOS PARA EL FRÍO INVIERNO

❖

Los días y las noches, cada vez más frescas, anuncian el riesgo de heladas. Traslade todas las plantas delicadas, sobre todo las vivaces y arbustivas, como los geranios, las fucsias, las drácenas y las margaritas, a un invernadero a resguardo de las heladas. Arranque y plante en macetas las plantas que hayan pasado el verano en arriates de flor, y póngalas a cubierto lo antes posible.

TAREAS PARA MEDIADOS DEL OTOÑO

❏ Aplique fertilizante en las zonas donde vaya a cultivar este otoño.

❏ Cambie de sitio los arbustos que estén mal emplazados y aclare los arriates más poblados.

❏ Vacíe y lave los toneles donde se acumule el agua de la lluvia.

❏ Encargue aquellos árboles frutales, arbustos, rosales y matas que piense plantar en invierno. En lo posible, elija variedades nuevas, resistentes a las enfermedades.

❏ Revise el estado de los tutores y las fijaciones de los árboles. Reemplace aquellos que estén desgastados y afloje los que estén demasiado tirantes.

❏ Prosiga tomando esquejes de tallo leñoso de los rosales y los arbustos, como el cornejo, el sauce, la budleya y el grosellero.

❏ Propague las variedades de coníferas apropiadas para setos a partir de esquejes tomados de tallos de nuevo crecimiento. Plántelos directamente sobre un suelo arenoso en una cajonera fría.

❏ Cubra los frutales de baya con una red para mantener alejados a los pájaros y escoja un brote para confeccionar algún motivo decorativo de interior.

❏ Encargue el estiércol y el compost que vaya a precisar para preparar el terreno y los acolchados.

❏ Plante los macetones de los patios con el fin de añadir algo de colorido al gris otoñal e invernal.

❏ Termine de plantar los jacintos, el azafrán, los lirios enanos y demás plantas de bulbo en macetas que se puedan trasladar al interior para que florezcan a mediados del invierno.

49

Finales del otoño

Todavía queda mucho por hacer en el jardín, desde preparar el terreno hasta plantar nuevos ejemplares de arbustos, rosales y setos. Una vez haya cosechado las hortalizas del huerto, limpie los arriates con flores y rastrille las últimas hojas que traiga consigo el otoño, al tiempo que prepara el jardín para la siguiente estación.

△ **ANTE UNA HELADA REPENTINA**, *salga del apuro con papel de periódico. Cuando el sustrato se hiela, las raíces de la planta son incapaces de absorber la humedad e incluso las plantas más resistentes corren el riesgo de morir.*

EL JARDÍN

Agapantos Traslade las macetas a una cajonera o un invernadero frío hasta que pase el invierno.

Crisantemos Cuando las flores de las variedades tardías se hayan marchitado, desentiérrelos, etiquételos y guárdelos en cajas. Tome esquejes a finales del invierno.

Setos Ahora es el mejor momento para plantar setos, en concreto con arbustos caducifolios de raíz desnuda como el haya o el espino.

Budleyas Acorte los tallos más largos hasta dejarlos por la mitad para que no los lastimen los golpes de viento, y espere a la primavera para realizar una poda drástica.

Jazmines Tome esquejes de las variedades de invierno con un trozo de tallo de la madre y plántelos en macetas dentro de una cajonera.

Rocallas Recoja las hojas caídas de las plantas alpestres y retire las malas hierbas a mano. Rellene el acolchado de grava alrededor de las plantas alpestres.

Preparación del suelo Cuando el tiempo lo permita, remueva y prepare el suelo donde se vayan a colocar plantas nuevas.

Plantación Prosiga plantando árboles, arbustos, coníferas y setos.

▷ **LOS CRISANTEMOS** *forman deslumbrantes conjuntos florales que aportan un toque de color a los arriates apagados. Estas resistentes vivaces dan flores hasta bien entrado el invierno.*

◁ **PLANTE UN SETO DE** *aligustre en un suelo bien preparado. Una vez plantado, el seto puede durar muchas décadas y es ahora el único momento en que se puede esbozar el aspecto que deberá tener en adelante. Tras la plantación, realice una poda drástica de modo que el futuro seto presente una masa compacta de follaje desde la misma base.*

PLANTACIÓN DE ROSALES

❖

En principio, los centros de jardinería ya
deberían de haber recibido los rosales a
raíz desnuda. Se pueden plantar desde
estas fechas hasta finales del invierno,
para lo que es preciso haber preparado
bien el terreno, dejándolo sin malas
hierbas y con una buena dosis de estiércol
y fertilizante. En lo posible, evite plantar
en un emplazamiento donde haya habido
rosales en los últimos años, a no ser
que se haya añadido tierra y estiércol
nuevos. A la hora de elegirlos, conviene
tener presente, además de su color,
fragancia y forma, el hecho de que sean
resistentes a las enfermedades.

Bulbos Termine de plantar los tulipanes
y demás bulbos de floración primaveral.
Arranque las dalias, las cannas, los gladiolos
y el resto de los bulbos delicados, y
guárdelos en un lugar seco y resguardado
de las heladas.

Rosales Revise el estado de los tutores
y las fijaciones de los ejemplares en arbolito.
Recoja las hojas caídas con manchas negras
y acorte los tallos más largos y los extremos
apicales de los ejemplares en arbolito para
que no sean tan vulnerables a los golpes de
viento.

EL HUERTO
Hortalizas

Guisantes Siembre las variedades resistentes
en un suelo que drene bien y cúbralas con
campanas para resguardarlas del frío.

Coles de Bruselas Recoja las coles que
hayan crecido lo bastante de abajo hacia
arriba, y retire las hojas que hayan
amarilleado o estén caídas.

Zanja para las habichuelas Excave
una zanja allí donde vaya a sembrar las
habichuelas el verano próximo y cubra la
base durante el invierno con hojas secas,
compost, hortalizas arrancadas, malas
hierbas y desechos procedentes de la cocina.
Recubra todo esto con tierra antes de plantar
las habichuelas en primavera.

Achicoria Desentierre las raíces de la
achicoria, plántelas en macetas y trasládelas
al invernadero. Allí, cúbralas con frascos

△ **LAS CABEZUELAS DE ALGUNAS** *vivaces resistentes, como la uva de gato o* Phlomis russeliana, *se pueden
dejar tal cual durante todo el invierno para que alegren los arriates. Córtelas a principios de la primavera.*

boca abajo con objeto de estimular su
maduración.

Patacas Corte los extremos y desentiérrelas
con cuidado. A continuación, límpielas y
guárdelas en bolsas de papel, como si fueran
patatas.

Hortalizas de raíz y tubérculo Desentierre
y guarde las remolachas, los nabos, el
salsifí y la escorzonera en cajas con compost.
Las chirivías se pueden desenterrar o bien
dejar tal cual en la tierra, aunque en este
segundo caso quedarán a merced de las
plagas. Además, si el suelo se hiela, la cosecha
no resultará nada fácil.

Almacenaje de hortalizas Revise las
hortalizas que almacene en busca de algún
indicio de podredumbre o deterioro.

PREPARACIÓN DE UN BANCAL NUEVO

❖

Es la época ideal para preparar el terreno
de un bancal nuevo. Para ello, hay que
remover la tierra en profundidad y añadir
una gran cantidad de compost o estiércol
bien descompuestos. Las hierbas se
pueden dejar vueltas boca abajo en la base
de una zanja recubierta con tierra para
que no rebroten. Deje el suelo removido
con el fin de que el hielo y el frío del
invierno ayuden a romper los terrones
y los pájaros se coman los insectos
perjudiciales.

Frutales

Ejemplares nuevos Prepare el terreno donde vayan a plantarse ejemplares nuevos de frutales de baya y árboles frutales. Asegúrese de que recibirá los ejemplares solicitados con tiempo para completar la plantación antes de la próxima primavera.

Tutores Revise el estado de los tutores y los alambres, y reemplace los que estén más desgastados. Coloque tutores nuevos a los ejemplares jóvenes de los frambuesos y otros frutales de baya.

Poda Dé paso a la poda invernal de los manzanos y los perales para modelarlos. Con este fin, aclare las ramas y retire las que estén lastimadas. En el caso de ejemplares de crecimiento incontrolado, retire las ramas enteras para abrir la copa de modo que entre más luz y aire.

Vides Pode las ramas que dieron uva tan pronto como se caigan las hojas.

Fruta almacenada Examine el estado de la fruta con regularidad. Consuma aquella que presente un mejor aspecto y retire las piezas que empiecen a ponerse blandas o estén «tocadas».

EL CÉSPED

Siega Corte el césped si el tiempo continúa cálido y seco. Para ello, coloque las cuchillas a cierta altura y recorte luego los bordes.

Retoques Arregle los bordes desgastados y las zonas del césped más pobres.

Agujereado Agujeree el césped con un perforador de dientes largos y rellene los agujeros con arena para crear canales de drenaje. Este método resulta especialmente recomendable en el caso de los suelos pesados y arcillosos.

Recebado Extienda una capa fina de compost arenoso sobre la superficie del césped para que crezca con más brío.

Mantenimiento de las segadoras Revise las sembradoras antes de guardarlas hasta que pase el invierno. Afile las cuchillas, límpielas a conciencia y engrase las superficies de metal con un baño de aceite. Vacíe el depósito donde va el combustible y limpie las bujías. Guarde la segadora en un lugar seco y a resguardo de las heladas, y cúbrala con una sábana vieja para que no le caiga el polvo.

EL INVERNADERO

Bulbos en macetas Cuando los tallos alcancen los 5 cm de altura, traslade las macetas con los bulbos de las cajoneras al invernadero frío para que crezcan a plena luz, listos para entrar en el interior.

Hippeastrum Coloque en macetas de entre 15 y 20 cm los bulbos más grandes. Empape las raíces secas y a continuación plante los bulbos hasta la mitad y colóquelos en un lugar cálido.

Riego Dado que el tiempo es ahora bastante más frío y húmedo, reduzca la frecuencia de riego e intente no mojar las hojas de las plantas. De hecho, se puede dejar secar casi del todo el sustrato de un gran número de plantas, como el de los mismos geranios.

Ciclámenes Téngalos en un lugar templado y riegue con moderación desde abajo. Abone una vez por semana con un fertilizante líquido.

Calefacción Revise el estado de los calefactores todos los días e instale un termostato para regular la temperatura y no malgastar energía. Compruebe que el invernadero esté bien aislado, pero ventílelo los días de más calor.

Germinadores Se puede tener durante todo el invierno una pequeña colección de plantas delicadas y esquejes enraizados, sin duda una alternativa mucho más económica que la de tener que templar la temperatura de todo el invernadero.

EL ESTANQUE

Plantas Corte las plantas de la orilla y retire las hojas secas y las flores marchitas de las plantas acuáticas.

Limpieza con red Utilice una red de pesca infantil para retirar las hojas y demás desechos que pueda haber en el agua.

Almacenaje Recoja las bombas y los filtros, y guárdelos hasta que pase el invierno.

Calefacción En los estanques donde haya peces, instale un calefactor flotante para que no se hiele la superficie del agua. Los modelos eléctricos pueden utilizar la toma de las bombas, que se han guardado ya.

TAREAS PARA FINALES DEL OTOÑO

❏ Recoja las bayas y los frutos maduros de los frutales. Retire la pulpa de unas cuantas piezas para poder sembrar las semillas en macetas. Coloque éstas en una cajonera fría para que crezcan y den lugar a nuevos frutales.

❏ Barra y recoja todas las hojas secas del jardín, y destruya los refugios de las babosas.

❏ Extienda una capa de compost o estiércol en los arriates que queden por remover para que las lombrices realicen su trabajo. Además, esto aísla el suelo de las heladas, con lo que se puede trabajar sin problemas aun en los días de frío más intenso.

❏ Limpie las campanas y las cajoneras frías tanto por dentro como por fuera.

❏ Limpie y guarde las macetas para plantas de flor y las bandejas para semillas.

❏ Recoja, limpie y almacene en un lugar seco del cobertizo las cañas y el resto de los tutores.

❏ Vacíe los bidones con compost y pase por un cedazo el material más descompuesto para utilizarlo en invierno. Introduzca de nuevo el material restante en el bidón y añádale un agente activador para acelerar el proceso de compostaje.

❏ Limpie el mobiliario del jardín y póngalo a cubierto en el cobertizo.

❏ Meta en el invernadero los objetos de cerámica y otros materiales que no resistan bien las heladas.

❏ Cubra las cajoneras frías con alfombras viejas o sacos para resguardarlas en las noches de frío más intenso.

53

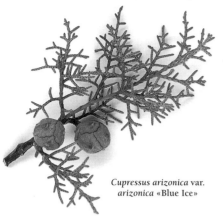

Principios del invierno

Con la llegada del invierno, tanto las temperaturas diurnas como las nocturnas experimentan un gran descenso, así que asegúrese de que ha tomado todas las medidas oportunas para resguardar del frío las plantas delicadas y las hortalizas almacenadas. Al acortar el día, hay más horas libres, que bien se pueden emplear para planificar el trabajo.

Cupressus arizonica var. arizonica «Blue Ice»

EL JARDÍN

Rosales Pode por encima los ejemplares híbridos más altos de rosal de té. Para ello, retire los tallos más viejos que hayan dado flor, así como los que estén secos o enfermos.

Rosales en arbolito Acorte los extremos apicales para que no ofrezcan tanta resistencia al viento, pero no pode a fondo hasta principios de la primavera.

Vivaces Termine de cortar las vivaces secas por la base y limpie los macizos florales de manera que no queden restos donde puedan cobijarse las babosas, los caracoles y demás plagas. Añada todo este material a la pila del compost.

Glicinas Acorte todos los vástagos laterales que sobresalgan de la estructura principal hasta dejarlos con 2,5 cm o bien con dos yemas.

Arriates Pase la horca en los claros que queden entre las plantas para soltar la tierra y añada compost de jardín a medida que avance.

Acolchados Extienda un acolchado de paja o fragmentos de corteza sobre las coronas de las plantas más delicadas así como alrededor de la base de las trepadoras delicadas para protegerlas del frío.

Plantación Plante en un suelo bien preparado ejemplares de árboles, arbustos y rosales a raíz desnuda.

Propagación de las hiedras Clave algunos tallos bajos de hiedra en el suelo para que enraicen y den lugar a nuevos ejemplares. Una vez enraizados, sepárelos de la madre y trasplántelos.

Acebos Si quiere confeccionar adornos navideños con ramitas cargadas de bayas, cubra las matas lo antes posible con redes para mantener alejados a los pájaros.

Elementos decorativos nuevos Ésta es una buena época para diseñar e introducir elementos decorativos nuevos en el jardín, tales como rocallas y estanques.

Protección Levante pantallas junto a las coníferas recién plantadas para resguardarlas del frío.

Almacenaje Revise el estado de conservación de los bulbos y los tubérculos de forma periódica, y elimine los que presenten algún síntoma de podredumbre. Asegúrese de que el lugar donde se guardan esté seco, templado y a resguardo de las heladas. Rocíe con polvos de azufre para evitar las enfermedades asociadas con la podredumbre.

EL HUERTO

Cavar Remueva el suelo siempre y cuando éste no se haya helado. Retire las hortalizas viejas, arranque las malas hierbas y aplique una buena cantidad de compost para jardín o estiércol bien descompuesto. Cada tres años cave un poco más hondo y remueva el suelo con la laya a no menos de 30 o 45 cm.

Análisis del suelo Analice la acidez o alcalinidad (pH) del suelo por medio de un sencillo equipo de análisis. Con ello, lo que se pretende es determinar si hay que añadirle cal para hacerlo más alcalino o bien azufre en polvo para hacerlo más ácido, con el objeto de obtener un suelo neutro apropiado para la mayoría de las hortalizas.

Hortalizas

Cebollas Siémbrelas en macetas o bandejas, preferentemente en el invernadero para así obtener un mayor rendimiento.

Esparragueras Prepare los bancales donde se vayan a plantar, a finales del invierno o principios de la primavera, los nuevos ejemplares. Encargue ya las matas de un año a algún proveedor de confianza.

Crucíferas Acolle los tallos de las coles de Bruselas y otras crucíferas para sostenerlos.

Protección Cubra las crucíferas y el resto de las hortalizas de invierno con campanas o redes para mantener alejados a los pájaros. Además, éstas proporcionan una protección adicional a los guisantes resistentes, las habas y otras tantas hortalizas.

Apios Proteja con paja las variedades resistentes de apio de penca hasta que estén listas para consumir.

Cosecha Desentierre y almacene los nabos comunes y los gallegos para consumirlos en invierno.

CONSEJOS PARA AHORRAR

❖

- Reutilice las macetas para plantas de flor así como las bandejas de semillas. Previamente, límpielas a fondo tanto por dentro como por fuera y sumérjalas en una solución desinfectante.

- Limpie, engrase, afile y revise todos los utensilios de jardinería. Pase siempre un trapo untado en aceite para limpiar las cuchillas y las manillas de las herramientas antes de guardarlas hasta que pase el invierno. Dé un ligero baño de aceite a las superficies metálicas para que no se oxiden.

- Instale unos recipientes allí donde desagüen los canalones de la casa, el garaje y el invernadero para aprovechar el agua de la lluvia, lo que supondrá un ahorro nada despreciable a final de mes. No se olvide de vaciar y limpiar dichos recipientes cada cierto tiempo para retirar la suciedad acumulada.

△ **EL SECRETO PARA** *tener un huerto productivo consiste en cultivar las hortalizas de modo que la época de cosecha dure todo el año. Elija, pues, variedades que maduren en épocas distintas para alargar la temporada.*

Hierbas aromáticas Alargue la temporada de cosecha cubriendo con campanas las hierbas aromáticas más delicadas. Disponga en macetas unas cuantas raíces de menta y colóquelas en un alféizar o bien en una cajonera fría.

Frutales

Árboles frutales A la hora de plantar árboles y arbustos frutales, elija en lo posible variedades resistentes a las enfermedades. Si el jardín es pequeño, elija árboles frutales en los que convivan ramas de variedades diferentes en un mismo ejemplar.

Ruibarbos Cubra con frascos las matas de ruibarbo y col marina para estimular la formación de renuevos y así poder ir pinzándolos.

Poda Realice la poda invernal de los manzanos y los perales para regular su forma y crecimiento. Con este fin, retire todas las ramas débiles, dañadas, entrecruzadas o demasiado enmarañadas, así como las que presenten algún síntoma de chancro o enfermedad.

Vides Es un buen momento para podarlas.

EL INVERNADERO

Vivaces Revise los geranios, las fucsias, los cóleos y otras plantas que hayan de pasar el invierno; elimine las hojas secas o amarillas.

Vides Pode las variedades de invernadero una vez se les hayan caído todas las hojas y hayan entrado en reposo. Retire los trozos de corteza flojos: podrían cobijar una plaga.

Crisantemos Corte por la base los extremos apicales de las variedades de floración tardía cultivadas en macetas. Trasládelas al invernadero o bien a una cajonera fría.

Protección Coloque a cubierto los melocotoneros y los nectarinos cultivados en macetones para evitar la aparición de la abolladura del melocotonero.

Aislamiento Aísle el invernadero con una capa de polietileno con burbujas o cualquier otro material.

Calefacción Revise el estado de los calefactores cada día para asegurarse de que funcionan correctamente.

Limpieza Limpie los invernaderos que hayan quedado vacíos fregando a fondo los tableros, los marcos y los cristales, tanto por dentro como por fuera.

TAREAS PARA PRINCIPIOS DEL INVIERNO

❏ Retire las hojas secas y los restos de plantas muertas que haya en el estanque.

❏ Ate los ejemplares de tejo y coníferas de porte erguido para que la nieve no los deforme al depositarse en las ramas.

❏ Solicite el catálogo de semillas y encargue ya las patatas, las cebollas y las cebolletas.

❏ Recoja todas las hojas secas que hayan caído durante el otoño, sobre todo las que estén sobre las plantas alpestres y en los arriates.

❏ Vacíe los arcones de compost ya maduro y aplíquelo después de remover el suelo.

❏ Aplique un barniz protector a los postes, enrejados y vallas de madera ahora que las plantas están en reposo. Aproveche también para reparar las vallas rotas o sueltas.

❏ Frote a fondo los senderos y las escaleras para eliminar el musgo y el barro.

❏ Cierre la llave del agua que dé a las cañerías del exterior para que no revienten durante las heladas. Recubra los grifos y las cañerías.

❏ Revise las estacas y fijaciones de los árboles y cambie las que estén rotas, sueltas o desgastadas.

❏ Coloque abrevaderos colgantes cerca de los frutales y los rosales para que los pájaros se coman los insectos perjudiciales. Aliméntelos bien, sobre todo los días de frío más intenso, y póngales agua cada día.

RECUERDE: *no pise las zonas del césped que estén heladas o encharcadas.*

Mediados del invierno

Las largas noches pasadas en el interior de la vivienda durante el invierno permiten planificar al detalle la próxima estación, así como encargar las plantas y semillas nuevas. Pero todavía quedan muchas cosas por hacer afuera a la luz del día. De hecho, ahora que el jardín se muestra al desnudo, es un buen momento para planificar todos los cambios de importancia que se deseen llevar a cabo, tanto en el diseño como en la elección de las plantas.

EL JARDÍN

Plantación Siga con la plantación de árboles, arbustos, setos y rosales.

Protección Proteja del viento frío y la lluvia las plantas alpestres por medio de campanas, o bien cúbralas de una en una con un cristal sostenido mediante trozos de madera o alambres.

Bulbos Plante las azucenas en macetas para patios y colóquelas en el interior del invernadero para que crezcan.

Arriates Al pasar la horca por el suelo, tenga cuidado de no dañar los bulbos que estén brotando.

EL HUERTO
Hortalizas

Judías Enriquezca el suelo con compost allí donde vayan a crecer las judías.

Apios Prepare los apios de penca añadiendo al suelo abundante cantidad de compost para jardín.

Patatas y cebollas Compre semillas de patatas, cebolletas y cebollas, y siembre estas últimas en un germinador con calefacción.

Calor Cubra con campanas el suelo donde se vayan a realizar las primeras siembras para calentarlo.

Ruibarbos Cubra las matas del ruibarbo y la col marina con frascos puestos boca abajo para forzar su crecimiento.

Achicoria Desentierre las raíces y cúbralas con un frasco para estimular su desarrollo.

Protección Cubra la pella de la coliflor con las hojas más grandes de fuera con el fin de protegerla del frío y las heladas.

Almacenaje Consuma la fruta y las hortalizas que tenga almacenadas y deseche aquellas que presenten signos de podredumbre.

Frutales

Plantación Plante los ejemplares nuevos de frutales de baya y árboles frutales, eligiendo en la medida de lo posible variedades resistentes a las enfermedades.

ESQUEJES DE RAÍZ

❖

Es el momento perfecto para tomar esquejes de raíz de la amapola oriental, el acanto, el gordolobo, *Primula denticulata*, *Phlox paniculata*, *Brunnera*, la lengua de buey, el cardo, *Gaillardia*, *Romneya*, el zumaque y otras muchas plantas. Desentierre la mata entera o bien excave al lado del ejemplar hasta dejar al descubierto las raíces. Corte unas cuantas que sean gruesas y sanas con un cuchillo bien afilado. La mayoría de los esquejes de raíz se suelen colocar de forma vertical en macetas con sustrato arenoso, colocando hacia arriba el extremo por donde se ha cortado. Seccione cada raíz en fragmentos de 2,5 a 5 cm realizando una serie de cortes oblicuos, y colóquelos de manera que queden hacia abajo. En una maceta pequeña caben varias secciones de raíz, aunque las raíces más pequeñas de algunas vivaces es mejor esparcirlas por la superficie y cubrirlas con una fina capa de sustrato. Coloque las macetas en una cajonera o en un invernadero sin calefacción, y trasplántelas (una por maceta) cuando empiecen a salir los primeros brotes.

◁ **DESPUÉS DE CADA NEVADA** *intensa, dése
una vuelta por el jardín con una escoba y retire
la nieve compacta de encima de las coníferas
y los arbustos perennes, ya que las ramas podrían
doblarse e incluso quebrarse por el peso.*

TRASLADO DE ARBUSTOS

❖

Ahora que están en reposo, es el momento
de trasladar los arbustos que hayan
crecido demasiado o que sencillamente
ya no se ajusten al diseño del jardín
y de preparar el terreno donde se vayan
a plantar de nuevo. Para ello, remueva
la tierra bien hondo y añádale compost.
Para desenterrar el arbusto, dibuje un
círculo de entre 45 y 60 cm de diámetro
a partir del tronco con ayuda de una pala.
A continuación, cave una zanja alrededor
del círculo y avance hacia dentro hasta
que el cepellón de la planta quede
totalmente suelto.

Coloque una hoja de polietileno
o un saco por debajo del cepellón y átelo
por los extremos. Acto seguido, traslade
el arbusto a su nuevo emplazamiento.
Una vez en él, vuélvalo a plantar, apisone
bien el suelo de alrededor y riegue
abundantemente. Antes de cambiar
de lugar un arbusto de grandes
dimensiones, pode una cuarta parte
de las ramas más viejas para reducir el
tamaño de la planta y su consiguiente
demanda de humedad.

57

CÓMO MEJORAR EL SUELO

❖

- Remueva el suelo de los arriates y los bancales, o bien cultive los terrenos vírgenes con el fin de acondicionarlos para cultivos posteriores. Evite remover los suelos que estén helados o encharcados.

- Mejore la capacidad de drenaje de los suelos húmedos y pesados añadiendo grandes cantidades de gravilla o arena. Todos los suelos agradecen que la capa superficial se revuelva bien con compost para jardín o estiércol bien fermentado.

- Recubra las zonas de terreno que vaya a trabajar con polietileno de color negro de modo que la lluvia y la nieve no lleguen al suelo y éste se encuentre lo más seco posible en el momento de removerlo.

- En los terrenos recién cultivados, realice un doble punteado para romper la capa inferior del suelo. A medida que lo trabaje, añada una carretilla de compost por metro cuadrado.

CAVAR EL SUELO

❖

1 Divida el bancal por la mitad longitudinalmente y cave una zanja de una paletada y media de ancho por otro tanto de hondo hasta llegar al otro extremo. Amontone la tierra extraída en una pila fuera del bancal.

2 Extienda una capa de 5 cm de grosor de material orgánico en la base de la zanja. En sentido inverso, cave una segunda zanja junto a la primera, dé la vuelta a la tierra y eche ésta en la zanja anterior. De esta manera, se abre una segunda zanja al tiempo que se rellena la primera.

3 Continúe cavando y añadiendo material orgánico de modo que se abran zanjas sucesivas. Al llegar al extremo del bancal, pase al otro lado y avance en sentido inverso. Llene la última zanja con la tierra extraída de la primera.

4 Si se opta por el doble punteado, abra una zanja de dos paletadas de ancho. Aplique material orgánico en la base con una horca y remuévala lo que den de sí las púas. Prosiga abriendo más zanjas sucesivas, que deben tener siempre dos paletadas de ancho. Rellene la primera con la tierra extraída de la última.

Poda Pode por la base los tallos viejos de los frambuesos que dan fruto en otoño. Complete la poda invernal de los árboles frutales eliminando las ramas más apretadas, así como las que estén dañadas o enfermas. Pode también las matas viejas de los grosulleros negros. Para ello, corte por la base una cuarta parte de las ramas más viejas para estimular la formación de renuevos sanos.

Protección Construya una tienda de campaña de polietileno transparente para evitar que la lluvia caiga sobre los melocotoneros guiados sobre un muro, y evitar así la aparición de la abolladura del melocotonero. Sostenga dicha tienda con un bastidor de postes de madera y deje que el aire circule por los costados y la base.

EL INVERNADERO

Protección Traslade los arbustos cultivados en macetones, como las camelias, a un invernadero frío para resguardarlos del frío y estimular una floración temprana.

Siembra Siembre las plantas estivales de temporada, semirresistentes y de crecimiento lento, como las verbenas, los geranios y las begonias, en germinadores con calefacción.

Esquejes Tome esquejes de las plantas madres de los crisantemos colocados en el invernadero para pasar el invierno, o bien encargue ejemplares nuevos.

Ruibarbos Desentierre los ruibarbos del jardín y colóquelos en macetas dentro del invernadero. Cúbralos para forzar su crecimiento y que desarrollen tallos tiernos.

Vides Pode los ejemplares de invernadero cuando estén en completo reposo. Retire los trozos de corteza seca de los sarmientos, ya que podrían albergar algún tipo de plaga.

Poda Realice la poda invernal de las trepadoras y arbustos tales como la buganvilla y la pasionaria.

Riego Riegue con moderación mientras dure el tiempo frío.

Limpieza Dé un repaso general a los invernaderos, frotando a fondo los bastidores y los tableros con un desinfectante para eliminar la suciedad y las plagas potenciales.

△ **LLEVE AL INTERIOR** *los jacintos cultivados en macetas para que florezcan y téngalos en un lugar templado y bien iluminado. Gire todos los días las macetas de modo que las plantas crezcan erguidas, y rodrigue las espigas si tienden a doblarse.*

En las superficies acristaladas, utilice un limpiacristales.

Calefacción Compruebe que los calefactores funcionen bien y que los depósitos contengan suficiente gasóleo para toda la noche. Si utiliza estufas de gas o parafina, abra orificios de aireación.

Begonias Limpie de sustrato los tubérculos guardados en macetas desde el pasado verano y vuélvalos a plantar en sustrato nuevo. Téngalos en un lugar cálido.

TAREAS CON TIEMPO FRÍO

❖

- Apisone el suelo alrededor de las plantas que haya levantado el hielo.

- Retire la nieve que se haya acumulado en las ramas de árboles y arbustos para que éstas no se rompan.

- Evite pisar el césped o podar los árboles frutales si están cubiertos de hielo.

- No deje que se forme una capa de hielo en la superficie de los estanques de cemento, ya que podría dilatarse y quebrar los bordes.

- Traslade las macetas con plantas y arbustos delicados a un lugar resguardado.

TAREAS PARA MEDIADOS DEL INVIERNO

❑ Aplique un barniz protector a las vallas y los enrejados de madera.

❑ Limpie y ordene el cobertizo.

❑ Limpie y esterilice las macetas para plantas de flor y las bandejas de semillas, y guárdelas listas para volver a usar.

❑ Eche un vistazo a los bulbos y tubérculos almacenados, y retire los que empiecen a pudrirse.

❑ Afile las cuchillas de los aparejos de poda.

❑ Haga que revisen las segadoras de gasolina.

❑ Compre tanto estiércol de granja o de champiñones como necesite para acolchar los arriates y enriquecer el suelo y asegúrese de que esté bien descompuesto.

❑ Lleve al interior de casa las macetas con bulbos para que florezcan.

❑ Limpie la suciedad y las algas que se hayan acumulado en los patios y las escaleras con agua a presión, o bien frotándolas a fondo.

❑ Tome esquejes de las coníferas y colóquelos en macetas o bandejas para que enraícen.

❑ Encargue semillas y ejemplares jóvenes de plantas para que se los envíen por correo.

❑ Lleve un diario con las tareas del jardín y actualícelo cada semana.

❑ Envuelva con una capa de polietileno con burbujas o un saco los macetones de barro y cerámica para que no se hielen, o bien trasládelos al invernadero.

❑ Forre los grifos y cierre la llave de agua para que no se hielen las cañerías.

59

Finales del invierno

Aunque el frío, las heladas y las nevadas esporádicas hayan hecho que el jardín entre en una fase de reposo, algunas plantas lucharán denodadamente por ofrecer sus mejores galas. Queda, además, un gran número de tareas por rematar antes de que la primavera traiga consigo el buen tiempo.

EL JARDÍN

Azucenas Plante en el exterior o en macetas los bulbos más sanos y rollizos para disfrutar de sus flores este verano.

Brezos Recorte los brezos que florezcan en invierno tan pronto como las flores empiecen a marchitarse. Recorte con tijeras, una vez al año, variedades como *Erica carnea* para que crezcan compactas y sin claros en el centro.

Campanillas blancas Arranque y divida las matas demasiado espesas después de la floración, pero cuando todavía conserven las hojas. También puede comprar ejemplares nuevos y plantarlos ahora; de hecho, éstos se asientan mucho mejor que a partir de bulbos secos.

Rosales Plante los nuevos ejemplares antes de la primavera. Todavía se pueden solicitar por correo ejemplares en arbolito a raíz desnuda; plántelos en cuanto disponga de ellos, así que prepare ya el terreno.

Jazmín de invierno Pódelo después de la floración, acortando para ello los vástagos largos y viejos con el fin de estimular la formación de renuevos desde la base.

Hiedras Recorte los ejemplares que estén sobre muros tirando de los tallos desde la ventana y los canalones. Recorte con unas tijeras todo el follaje viejo que crezca de forma descuidada y, aunque presente un aspecto bastante pobre durante varios meses, no tardarán en brotar hojas nuevas.

Plantación Siga con la plantación de ejemplares nuevos de árboles y arbustos, sobre todo de raíz desnuda, que se deben plantar antes de que salgan de la fase de reposo.

EL HUERTO

Cavar Continúe con la limpieza a fondo del terreno, removiendo la tierra y enriqueciéndola con compost para jardín. Asegúrese de dejar bien levantada la superficie para que el hielo rompa los terrones y la nivele, o bien opte por rastrillarla por encima.

Hortalizas

Guisantes y habas Siembre las variedades resistentes de guisantes y habas en el exterior, pero bajo campanas. Las habas también se pueden sembrar en macetas dentro del invernadero y trasplantarlas más adelante.

Siembra Siembre algunas hortalizas tempranas como las zanahorias, las cebolletas y las lechugas en cajoneras frías o bajo campanas.

Patatas Coloque las «semillas» en bandejas en un emplazamiento bien iluminado pero a resguardo de las heladas para que broten los «ojos». Espere a plantarlas en primavera.

Frutales

Poda Complete la poda invernal de los manzanos y los perales, retirando para ello las ramas dañadas, enfermas o mal ubicadas.

Fresales Traslade los ejemplares cultivados en macetas al invernadero para estimular su floración y fructificación.

Groselleros espinosos Pode las matas a finales del invierno. Para ello, acorte los vástagos laterales y retire las ramas que crezcan hacia dentro y hacia fuera para obtener un centro despejado que permita recoger las grosellas con mayor comodidad.

PODA DE CLEMÁTIDES

❖

Por estas fechas es conveniente podar las variedades híbridas de larga floración. Para ello, acorte los vástagos más largos hasta dejarlos con un par de yemas foliares. A algunas variedades y especies más vigorosas se les puede aplicar una poda drástica acortando los tallos hasta las yemas situadas en la base del tallo principal. En el caso de las especies *C. tangutica* y *C. orientalis*, se podan todos los tallos desarrollados durante la temporada anterior hasta la misma base o estructura leñosa. *C. texensis*, si bien no es tan vigoroso como los anteriores, también se puede podar hasta las yemas del tallo principal. La variedad no enredadera *C. x durandii*, que se suele cultivar junto a un arbusto para utilizarlo a modo de soporte, desarrolla vástagos nuevos por debajo del nivel del suelo. Elimine todos los tallos secos.

TAREAS PARA FINALES DEL INVIERNO

❑ Traslade los macetones del patio a un emplazamiento más resguardado en los días de frío más intenso para evitar que las heladas dañen las plantas.

❑ Cubra las cajoneras con sacos o alfombras viejas en los días en que el frío sea más intenso.

❑ Aplique un fertilizante con sulfato de potasio alrededor de la base de los frutales.

❑ Si los pájaros destrozan los brotes de los frutales, cubra estos últimos con una red.

❑ Limpie y afile las hojas de las podaderas y demás aparejos de jardinería. Páseles a continuación un trapo engrasado para que no se oxiden.

❑ Barra los senderos y los patios para retirar las hojas caídas en otoño.

❑ Limpie los cristales de las campanas y las cajoneras frías, tanto por dentro como por fuera.

❑ Rastrille el césped para eliminar el musgo y la paja, así como los restos que hayan podido acumular las lombrices.

❑ Encargue una amplia selección de plantas de bulbo y tubérculo de floración estival, como gladiolos, dalias, anémonas, *Freesia*, *Tigridia*, ranúnculos y *Acidanthera*. Compre, asimismo, tubérculos de begonias y gloxíneas para plantar en macetas.

❑ Encargue también los planteles y las plantas de temporada. Cuando los reciba, a finales de la primavera, plántelos en macetas hasta que sean lo bastante grandes como para dar flores.

❑ Compre en los centros de jardinería las mejores «semillas» de patatas, cebolletas y cebollas, o bien encárguelas por correo.

Melocotoneros Rocíe con un fungicida con cobre para prevenir la abolladura del melocotonero.

Higueras Pode las ramas más viejas de los ejemplares guiados en abanico sobre muros o vallas. Ate los tallos nuevos y esparza paja bajo los tallos para proteger los frutos embrionarios.

EL INVERNADERO

Aislamiento Asegúrese de que los invernaderos queden bien aislados con un revestimiento de polietileno con burbujas, y de que no haya corrientes de aire. Un buen aislamiento permite reducir de forma más que considerable el consumo de la calefacción en el invernadero.

Siembra Prosiga sembrando las plantas estivales de temporada en germinadores con calefacción, como las begonias, *Ageratum*, los geranios, el tabaco de flor, las petunias, las salvias y las verbenas. En su inmensa

△ **LAS FLORES APAGADAS** *del jardín boscoso se transforman en una alfombra de vivos colores con el paso del invierno a la primavera. Deje que los bulbos se multipliquen por sí solos.*

mayoría requieren una temperatura de entre 18 y 21 °C para germinar.

Planteles A medida que sean lo bastante grandes como para poderlos agarrar de las hojas tiernas, trasplante los planteles a bandejas de mayores dimensiones para que estén más espaciados. No los tome nunca del tallo, que podría romperse.

Bulbos Son varias las plantas de bulbo y tubérculo que se pueden plantar en macetas por estas fechas en un invernadero con calefacción, entre ellas las dalias, las begonias, las gloxíneas o *Eucomis*.

Fucsias Pode por la base los tallos secos para mejorar la forma de la planta. Colocada en un invernadero cálido, no tardarán en brotar los renuevos.

61

AGRADECIMIENTOS

Tanto el autor como el editor desean agradecer la valiosa ayuda de las siguientes personas a la hora de realizar este libro: **P. Mitchell**, **R. Hills** y **Victoria Sanders** por permitirnos tomar fotografías en sus jardines; **Paul Elding** y **Stuart Watson**, de BOURNE VALLEY NURSERIES, Addlestone, Surrey (Inglaterra), por su asesoramiento, equipo y estudio.

CRÉDITOS DE LAS FOTOGRAFÍAS

CLAVE: s = superior, i = inferior, iz = izquierda, d = derecha, c = centro, D diseñador, J = jardín.

Neil Campbell-Sharp: J: Westwind 24d.

ELSOMS SEEDS LTD.: 40d.

GARDEN FOLIO: **Graham Strong** 46d.

John Glover: 10s, 32d, 33id, 38i, 38s, 42iz, 42d, 43id, 45d, 46iiz, 46sd, 48iz.

HARPUR GARDEN LIBRARY: D: Tessa King-Farlow 8d; Ron Simple 9i.

GARDEN AND WILDLIFE MATTERS PHOTO LIBRARY: 13iiz, 16i, 22s, 23i, 31i, 58sd, 59, 60 todas, 61sd; **David Cross** 17siz; **John Phipps** 15s, 16i; **Debi Wager** 17d.

Jacqui Hurst: J: Wreatham House 32iiz.

Andrew Lawson: J: Barnsley House 6sd, 9s, 31s, 34s, 34i, 37i, 43iiz, 45iz, 48d, 53c, 54, 55, 59iiz.

CLIVE NICHOLS GARDEN PICTURES: **Clive Nichols** J: Ivy Cottage, Dorset 4i; J: Heligan, Hampton Court Show 1998, 5siz; J: Bourton House, Glos 14i; J: Manoir Aux Quatre Saisons, Oxon 20i; D: Rupert Golby, Chelsea 1995 29s; J: The Old Rectory, Berks 35i; D: Julie Toll 36s; J: National Asthma, Chelsea 1993 50, 53d; J: The Chef's Roof Garden, Chelsea 1999; D: sir Terence Conran 56iiz; **Graham Strong** 56siz, 57.

PHOTOS HORTICULTURAL PICTURE LIBRARY: 12s, 13s, 17s, 19i, 20s, 22i, 23s, 30i, 35s, 37s, 61iiz.

DEREK ST. ROMAINE PHOTOGRAPHY: **Derek St. Romaine** J: Rosemoor 10iz, 10d, 33siz, 38siz, 39d, 53siz, 54siz; D: Matthew Bell y Noula Hancock, Chelsea 1994 52iiz, 53iz, 54iz.

THE GARDEN PICTURE LIBRARY: **David Askham** 28d; **Lynne Brotchie** 52id; **John Glover** 11sd, 32siz, 38sd, 46iz, 46d: **Gil Hanly** 27iz; **Michael Howes** 28iz; **Jacqui Hurst** 21s, 32i; **Mayer/ Le Scanff** 6iz, 26iz, 26d, 44iiz; **Howard Rice** 29i, 47iiz; **Friedrich Strauss** 44id; **Juliette Wade** 6s.

AL TOZER LTD.: 40iz.

FOTOGRAFÍA ADICIONAL: **Peter Anderson** 3id, 6i, 11iiz, 11ic, 11id, 19iz, 19c, 19sd, 21i, 25id, 33s, 39iz, 41i, 43s, 49siz, 49d. **Steve Gorton** 1, 3sd, 5id, 18 todas, 25siz, 25iiz, 25ic, 27 todas, 32siz, 44sd, 47sd, 49iiz, 51s, 52s.

A-Z BOTANICAL **Sheila Orme** J: Dry Stanford Manor, Oxon 51i; **Geoff Kidd** 54i.

Maurice Walker 54i.